デザインのＡＢＣ

ドラえもんと私たち

マンガ「ドラえもん」は何10年たっても、子供たちにとても人気があります。何でも簡単に望みや欲しいものを作ってくれる、まことに便利な存在です。宿題をやってくれて、どこへでも好きなところへ連れていってくれる、魔法使いでもあるからです。

しかしこの魔法にどっぷりつかっていては、子供たちは考えること、作り出すことはしなくなってしまいます。デザインとか、絵をかくなどの創造的行為はないものから考え、あるものを作り出すもので、ドラえもんに期待するものとは正反対のものです。

デザインって何だろう

私たちは日ごろ「デザインって何だろう」と、深い意味もあまり考えずにその言葉を使っています。

「デザイン・design」という言葉は英語です。その語源は「印をつける」ということです。日本語では「図案」とか、「意匠」と訳されています。だから、いまデザイナーと呼ばれている人は、「図案屋さん」とか「意匠屋さん」とだいぶ前までは呼ばれていたのです。

ところで、日本語に訳されている「意匠」とは、辞典では「考案すること」「工夫すること」などと説明されています。「意」は「意志」とか「意見」ということを、「匠」は「たくみ」であり、「職人」「師匠」「棟梁」といわれるように、技術の高いすぐれた人

たちをあらわしています。したがって、この「意匠」という意味は、**自分の意志、または意見をたくみに表現することと考えられます。**

　しかしながら、英語の「デザイン」という言葉からは、この言葉が私たちの生活の中にピタリと入りこんでしまっているので、このような発想は思いつかないかもしれません。**この発想はとても大事なことで、また大切なことがたくさん含まれていると考えられます。**

　現在は、大きなポスターやテレビコマーシャルなど、なかなか格好の良いものがたくさん私たちの目に飛びこんできます。これらも確かにデザインのひとつですが、デザインはそれだけではありません。実際には、ひと口では言いあらわせないほど、デザインは私たちの生活の中に入ってきています。

　今から60年ほど前は、デザインといえば服飾デザインのことしか指しませんでした。現在ではもちろんそれを含めて、帽子、靴などあらゆる身に着けるもの、家、高層アパート、ビル、机、椅子、テーブルなどの家具、食器、フォーク、ナイフ、カレンダー、本、自転車、自動車、交通標識……。私たちのまわりにあるものすべてが、デザインを抜きにしては考えられないものばかりです。それらはファッションデザイン、建築デザイン、インテリアデザイン、グラフィックデザイン、インダストリアルデザインなどといろいろな呼び方がなされています。

デザインは怪物か

　こうして見てみますと、デザインは生活行為そのもの、社会的営為そのものが、デザインということになることがおわかりいた

3

だけるでしょう。まさに人間の基本（ヒューマン・ベーシック）の問題です。こうなりますと、とてもとてもこの本では説明できるものではありません。

デザインという範囲は、こうして時代とともにどんどん大きくなる、つかみどころのない怪物なのかもしれません。

この本の目指すところ―親と子で楽しみながら

しかしこんなことでは、いつまでたっても糸口さえつかめません。そこで山登りのルートのように、ひとつを見つけ出し、足がかりにしたいのです。本書の目的がここにあります。

それは、**お父さん、お母さん、おじいちゃん、おばあちゃん、そして子供たちと、家族で楽しみながら、遊びながら、そのきっかけを探そうとすることです。**

小学校に入りますと、図画工作の時間に、「**表現すること**」と「**鑑賞すること**」のふたつを学びます。細かく分けると、まず「絵」をかくこと、かたまりを理解するため「彫塑」、飾ること、知らせること、色や形を学ぶ「デザイン」、役に立つものを作る「工作」、さらにものを見る目を養う「鑑賞」ということになります。

「表現する」ということは、絵画や彫塑のような、どちらかといえば「美（美しさ）」を主に考える心象表現と、デザイン、工作のように「用」を主とする機能表現に分けることができます。

この「用」とは、日常生活の中での使いやすさ、便利さも含め、いろいろな働きがあることを意味します。もちろんデザインには、美しさも当然なければなりません。このようなデザインの特質を生かして、実際に学ぶ場合には、先にあげた「飾る」「知らせる」「色と形」の三つのことに、気を配る必要があります。

「飾る」には、実にいろいろな方法や場合があります。自分自身の衣服、頭や首にかぶったり、ぶらさげたりするもの。室内の飾り、クリスマスや子供会などで光を使った飾りなどたくさんあります。

「知らせる」ということにも、自分のことを他人に知ってもらうために飾ったり、学芸会、発表会、運動会のお知らせ、あるいは国際ニュースのように世界から伝わってくる知らせなど、いろいろな場合があります。

「色と形」というのは、こうした「飾る」「知らせる」ということを、どんな色と形であらわせばよいかを学ぶことです。

この本の使い方、学び方、楽しみ方

本書では、表現方法が主なテーマとなっています。

自然からの発見、身近なものからの発見がとても大事なことです。山、海、空、雨、雪、石、木、ガラス、衣服など数えればきりがないくらいです。それはちょうど、日、月、火、水、木、金、土の曜日そのものが、すべて表現の題材になりうることと同じです。

日は太陽であり、光であり、熱です。

月は夜であり、影を作ります。また時間の経過もあります。

火はまさに火であり、ロウソク、煙です。

水も同じで、水遊び、舟遊び、水鉄砲、さらに雨にも雪にもなります。

木はもちろん木です。

金は鉱物、石です。

土は土でドロンコ遊び、穴ほりです。

全部合わせて宇宙ですから、空も風も使えます。

好きになること、好きにさせることが大目標

　この本では、40数種の表現技法を取りあげていますが、すべてに興味を示す人、とくに子供たちはおそらくいないと思います。偶然にできる模様とか図柄のもの、また計画的なもの、大きいもの、小さいものと、それぞれちがって興味を持つはずです。

　子供には子供の世界があります。親が上手になることを期待するあまり、あれもこれもと押しつけては何にもなりません。上手になることではなく、好きになること、好きにさせることのほうが大切なのです。

　たとえば、1枚の紙でも、切る、折る、伸ばす、ひっぱる、たたむ、くしゃくしゃにする、包む、からむ、曲げる、まとめる、型押しする、ひっかく、たたく、穴をあける、破る、こする、もんでからひらく、たたんで切る、結ぶ、つなげる、など、たくさん形を変える方法があります。型にはまった表現方法や技術を覚えさせるのではなく、さまざまに変わる形を知ることやそれに触れることが、創造、子供たちの豊かな感性や個性を引き出すことになるのです。

　それに加えて、材料と道具の使いこなしを学ぶことです。ノコギリやカンナ、カナヅチ、ナイフなどは、その扱い方や危険性をしっかりと教え、小さい子供のうちに使わせることです。危ないからと、すぐに手を出す親がいますが、それは子供たちの創造性や個性を奪うことに等しいのです。幼いときの経験が思い出され、また今でもそれを生かすことができるのは、お父さん、お母さん、おじいちゃん、おばあちゃんがいちばん知っているはずです。

組み合わせによる表現効果にチャレンジしてほしい

　この本では、従来からある伝統的な表現方法から、まったく新しい方法も含めてまとめてみました。ただ、それぞれが単独で十分効果を訴える場合と、いろいろな組み合わせによってより効果を出す場合がありますから、本書のそれぞれを参考にしながら、それらを含めて表現することを、楽しんでいただきたいと願います。お父さん、お母さん、子供たちはもとより、幼稚園、小・中学校の現場で本書が生かされれば、こんなにうれしいことはありません。

　子供たちの毎日の暮らしは、家庭の中、学校の中、あるいは社会の中です。その中からいろいろなものを発見し、自由にそれらに立ち向かい、個性的に自分の世界を創造し、発揮してほしいと望むのは私だけの願いではないはずです。それにこの本が少しでも役に立てばと願ってやみません。

　ある夏に、頼まれて表現技法の講習会「夏休みの楽しい造形教室」をひらきました。わずか2日間でしたが、初日は子供たちがいっしょうけんめいにやりましたが、2日目は子供たちより付添いのお父さん、お母さんたちのほうがいっしょうけんめいにやっていたことを、今でも楽しく思い出します。

　この本は、どの頁、どの技法から始めてもかまいません。頁をめくって、楽しそうに思える技法、興味のひかれる技法から、さあ始めてみましょう。図版はカラー刷りとせず、あえてモノクロームとしました。この本を活用する皆さんが、ご自身の好きな色を選んで、できあがりを想像しながら、さまざまにチャレンジされることを願っております。

阿部典英

もくじ

デザインのＡＢＣ　　2

吹き技法　　10

こすり出し技法　　12

はじき技法　　15

ノリ技法　　18

転写技法　　21

ずらし技法　　24

型押し技法　　27

型抜き技法　　30

吹きつけ技法　　33

したたり技法　　36

あらい出し技法　　39

ころがし技法　　42

けずり技法　　45

ぼかし技法　　48

コラージュ　　51

たたき技法　　54

マーブリング　　57

油煙技法　　60

植えこみ技法　　63

織り技法　　66

スプリング　　69

ローラー技法　72

糸はじき技法　75

穴あけ技法　78

ふりかけ技法　81

フォト・モンタージュ　84

ぬい技法　87

重ね技法　90

から押し技法　93

切り抜き技法　96

紙版技法　99

クシャクシャ技法　102

つなぎ技法　105

しぼり染め技法　108

ジグソーパズル技法　111

切りがみ技法　114

切りおこし技法　117

焼き技法　120

影絵・シルエット技法　123

オブジェ　125

変形技法　128

点その1　130

点その2　132

点その3　134

線その1　136

線その2　138

線その3と面・立体　140

吹き技法

用意するもの

水性絵の具、墨汁〔ぼくじゅう〕、カラーインク。筆（太いもの、細いもの）。画用紙かケント紙。

技　法

①水でといた絵の具（色は自由に選んでください）を、筆にたっぷりとふくませます。

②筆にふくんだ絵の具を画用紙にたらします。

③絵の具が乾〔かわ〕かないうちに、いきおいよくそれを口で吹きます。

④大きくたらしたり、小さくたらしたり、どんどんやってみましょう。（図版11頁上）

応　用

　たらす絵の具の色を、いろいろ変えてやってみましょう。1色が完全に乾いてから、別の色をたらして吹いた場合と、乾かないうちに別の色をたらして吹いた場合は、どうでしょうか。乾いた場合、それぞれの色がはっきり見えますが、乾かない場合は、混〔ま〕じり合ってできる偶然〔ぐうぜん〕の色合いが、何ともいえないおもしろい雰〔ふん〕囲気〔いき〕を作り出してくれます（図版11頁下）。このほか、たらす絵の具を線などにして、吹く位置、角度、方向をいろいろ変えて研究するとよいでしょう。ストローのような筒〔つつ〕を、たらした絵の具に近づけて吹いてみてもおもしろいです。また、画用紙を夜空の色にぬって、乾いてから、その上に白や黄色の絵の具をたらして吹いてみましょう。とてもきれいな星空ができるはずです。

墨をストローで吹いた

カラーインクを口で吹いた

こすり出し技法

用意するもの

1 円、5 円、10 円、50 円、100 円玉。白上質紙、半紙。適当なものがなければ、裏が真っ白なチラシでもかまいません。鉛筆、クレヨン。

技　法

①硬貨のお金を机の上にならべます。

②その上に紙をかぶせ、動かぬようにしっかりと手で押さえます。動いてしまうときれいな模様ができません。

③紙の上を鉛筆（クレヨン）でこすります。ふだんあまり気にもしていなかった模様が出てきたでしょう。

④ていねいにこすって、輪郭と模様が全部出てきたら、

⑤こんどはお金を裏返して同じ方法でくり返します。(図版13頁)

　こうしてこすり出すことを、フランス語で「フロッタージュ」（こすり出し技法）といいます。マックス・エルンストという有名な画家は、この方法を使ってすばらしい作品を作りました。

応　用

　お金以外のものでやってみましょう。凹凸のあまりはげしいものはダメです。たとえば、模様のあるガラス戸、花ゴザ、木目、スダレ、戸棚のガラス、キャンバスシューズの底、ザル、ラジオのスピーカー部（図版14頁上）……、身のまわりにはたくさんあるでしょう。それらを同じ方法で、鉛筆、またはクレヨンの色を

変えてこすってみましょう。楽しい作品ができます。

　また秋になったら、落ち葉を使ってみると、すてきなものができあがります。落ち葉はスジがじょうぶなものを使うのがコツです。あまり乾燥(かんそう)していると、こすり出す途中(とちゅう)で、すぐにバラバラと形がくずれてしまい、こすり出すことができませんから、注意しましょう。

　こうしてできた作品を切ったり、はり合わせたり、再構成すると、とても楽しい作品ができあがります。(図版14頁下)

　このように、いろいろなもの、あるいはいろいろな葉を集めて、実際にこすり出してみることが何より大切です。自分で、そのような素材(そざい)を探し出すことが、創造(そうぞう)(作り出すこと)の第一歩なのですから。

お金のこすり出し

ラジオのスピーカー部分のこすり出し

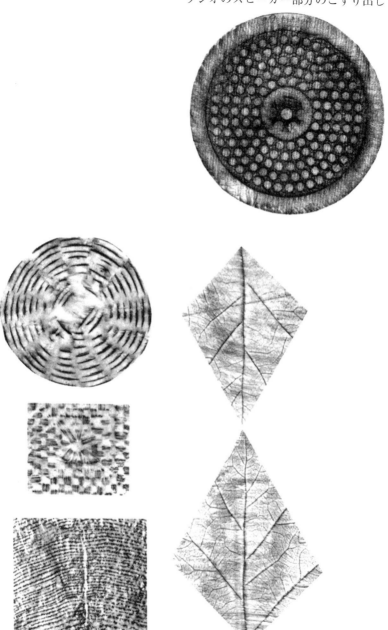

ザル、敷物、木口、木の葉のこすり出しを組み合わせた

はじき技法

昔から、水と油はケンカの仲などといわれますが、このおたがいに混じり合わない性質を利用して表現する方法を「はじき技法」（レバレンシー）といいます。

用意するもの

水性絵の具、クレヨン。ロウソク。筆。画用紙。アイロン。新聞紙。

技　法

いちばん手近なものは、

①画用紙にクレヨンで模様をかき、

②上から水性絵の具をぬる方法です。

たとえば、夜空に浮かぶ花火を表現するには、画用紙に、赤、黄、緑、青などのクレヨンで、大小たくさんの花火をかきます。その上に、水性絵の具の黒をぬりましょう。クレヨンでかいたところは、絵の具がはじかれて、夜空にクッキリと花火があらわれてくるでしょう。

応　用

ロウソクを使っても、おもしろい模様を作り出すことができます。

①ロウソクに火をつけ、画用紙にとけたロウをポタポタたくさん落とします。（ロウソクの位置を、高いところ、低いところと変えてやってみると、ロウの大きさや形に変化がえられますから、ためしてみましょう）

②ロウが固(かた)まったら、その上から絵の具を筆でぬります。

③絵の具が乾(かわ)いたら、また①と同じ要領(ようりょう)で、ロウソクのロウを落とします。

④落としたロウが固まったら、こんどは別の色の絵の具を、またその上からぬります。絵の具の色は、明るい色から、だんだん暗い色にしていくのがコツです。

⑤絵の具が乾いたら、その上に新聞紙をのせ、十分に熱したアイロンを当てて、ロウ分を取りのぞきます。一度では新聞紙にロウ分がしみこまないので取れません。3回から4回、新聞紙を取りかえて、同じことをくり返して、ロウ分を取ってください。

　最初にロウソクをたらした部分は、画用紙の地色（白）がそのまま出て、また2回目のロウソクをたらした部分は、1回目の絵の具の色が出てきて、すばらしくきれいな模様ができあがります。

(図版16、17頁)

　また、技法①、②のように、クレヨンとロウソクを合わせて使うと、おもしろい模様ができます。

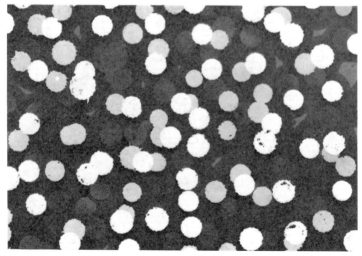

ロウソクのロウを3回たらし、色を3回ぬった

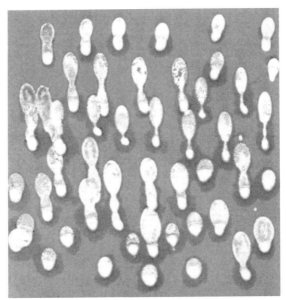

はじき技法

ロウソクのロウを4回たらし、色をぬった

ノリ技法

　油絵の具で絵をかいたことがありますか。水性絵の具とちがったタッチや、重ねぬりができ、重厚な表現ができます。水性ノリと、水性絵の具を使って、その雰囲気を楽しんでみましょう。

用意するもの

ムギ粉（市販されている水性ノリでもかまいません）。ナベ。水性絵の具。ヘラ（厚紙で作ったものでもかまいません）。画用紙。

技　法

①まずノリを作ります。ムギ粉1に対して水5の割合で、ムギ粉を水でよくとかし、熱しながらかき混ぜます。

②だんだん固まってノリ状になります。

③ノリはかた目の方がよいのですが、あまりかたかったら、温水でうすめるようにします。(市販の水性ノリでも十分使うことができますが、このようにして、ノリを作るのも楽しいものです)

④ノリがさめたら、好きな絵の具を混ぜます。割合は、ノリ3に対して絵の具1です。しかし、かならずしもこの比率にこだわらなくともよいです。ノリ分を多くしますと透明感がえられます。ヘラでノリと絵の具を切るようにして混ぜると、きれいによく混ざります。

⑤これを画用紙にたっぷりと厚くぬります。厚紙でヘラを作ってぬると、平均にきれいにぬれます。油絵をかくときに使うペンティングナイフも便利なものです。

⑥その上を、かたい棒でひっかいたり（図版19頁）、クシで模様

をつけたり（図版20頁上）、指でこすったり（図版20頁下）して、模様や図柄をかきましょう。

⑦もしも失敗したら、ヘラでぬり直すときれいになり、またかくことができます。

　ノリ状のもののことをペーストというので、この技法を「ペースティング」ともいいます。

応　用

　いろいろなものを使って、おもしろい模様や図柄を、自由に工夫してこしらえてみましょう。また、最初のノリが乾いたら（ふつうの状態ですと、1～2時間かかりますが、早く乾燥させるには、ドライヤー等を用いてください）、別の色を作って、重ねてみましょう。ためしてください。

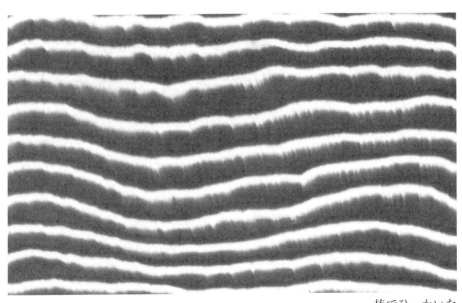

棒でひっかいた

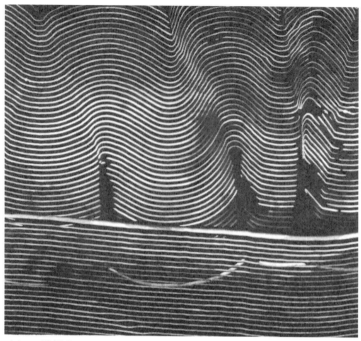

くしで模様をつけた

指でかいた

転写技法

用意するもの

水彩絵の具。画用紙かケント紙。

技　法

①まず画用紙（ケント紙）を半分に折ります。

②それを開いて、片面に絵の具をチューブからたっぷり出します。

③折り目の近くに置いたり、離して置いたり、たくさんの色を置きます。

④そして、絵の具を置いていない片面を閉じます。

⑤その上を、両手で強くこすったり、指先でトントンとたたいてみたりします。

⑥さあ、パッと開いてください。きれいな模様ができたでしょう。

　何かわからないけれど、筆でかいてもけっしてあらわすことのできない、不思議な形になります（図版22頁）。この左右対称にあらわされた形を、「デカルコマニー」といいます。

　「転写技法」で注意することは、一度に多くの絵の具を使いすぎると、うるさくなり、きたない印象になることです。最初は、2〜4色程度の色を使ってみて、足りない部分、またはさらに強く見せたい部分などは、絵の具を新たに加えて、ふたたび行うこと（最初のときと同様に、折り目の一方を閉じる）が望ましいでしょう。

応　用

　ノリ技法（18頁）のように、ノリを使ってみても（絵の具にノ

リをよく混ぜて粘度をもたせる）おもしろい感じになります。

　また、絵の具の上にインクをたらしたり、乾いてから、さらにその上に重ねてみるのもおもしろいでしょう。

　この技法で、具体的な形のものも作れます。たとえば、トンボを作ってみましょう。この場合、あらかじめトンボの姿の半分の形を考え、思いうかべ（鉛筆で薄く下がきしてもよいでしょう）、好きな絵の具を、折り目ぎりぎりまで、羽用にはヨコに太目に、胴体用にはタテに細い線の感じで、目玉には丸く置きます。

　絵の具を置いていない片面を閉じて、静かに形をくずさぬようにこすります。光にすかして、形を整えながらやるのもひとつの方法です。そっと開くとトンボ（図版23頁）のできあがり。

　色をいろいろ変え、大きいトンボ、小さいトンボを作り、図案化してみるとおもしろいでしょう。

ぐうぜんできた模様

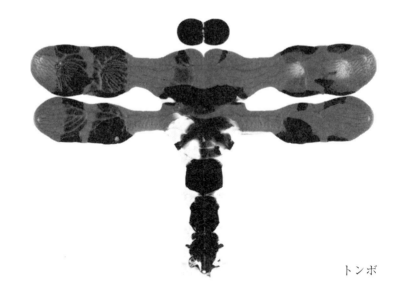

トンボ

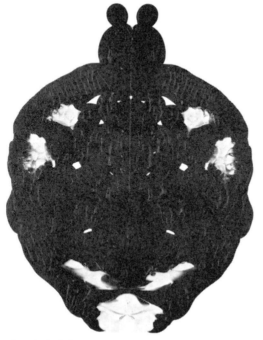

テントウムシ

ずらし技法

　街の中で、見る場所によって、まったくちがって見える図柄に出合ったことはありませんか。また、まっすぐな電柱が、水面に映っているとき、風が吹いて水面がゆれると、クニャクニャと曲がって見えませんか。これが「ずらし技法」の原点です。

用意するもの
水性絵の具か墨汁。筆。画用紙。定規。ハサミ。ノリ。

技　法
①画用紙に定規を用いて、1センチの太さの線（長さは10センチ）を、1センチ間隔で、タテに5本かきます。線の色は、はっきりしているほうがよいので、絵の具の色は、黒か紺のような濃い色がよいです。筆を用いて、しっかりときれいにかくことが大切です。

②絵の具が乾いたら、それをヨコに1センチ間隔で切ります。

③これを少しずつずらしてならべてみましょう。

④自分の気に入った形にして、ノリをつけて、別の紙にはりつけます。まっすぐな線が少しずつずれて、やがてくずれてしまいそうな線になります。（図版25頁）

　このように、ずらして別の形を作りだす技法を「ずらし技法」（シフティング）といいます。四角形でも、三角形でも、同じようにやってみてください。最初の形がゆがんで、ちょうど水面に映った電柱のように見えるでしょう。

応 用

　印刷物や写真を利用しても、おもしろいものができます。お父さんと子供の写真を使ってやってみましょう。

　2枚の写真の裏に、5ミリ間隔でタテに線を引きます。線のとおりハサミで切りますが、はりつけるとき、順序を間違えないように、それぞれに番号をかいておきましょう。それを、お父さん、子供と、交互にノリで紙にはっていきます。お父さんと子供の顔が、どちらもいっしょに見えます（図版26頁上）。

　スーパーマンと赤ちゃんの写真を使ってみました（図版26頁下）。間隔を細くしたり、1本ずつぬき取ってはりつけたら、どうなるでしょう。魚と動物の写真を使ったら、魚にシッポがはえるでしょうか。やってみてください。

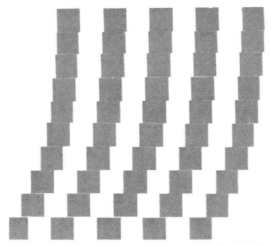

ずらし技法

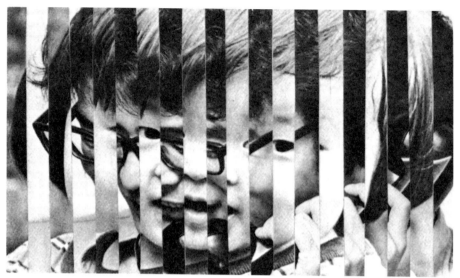

お父さんと娘さん

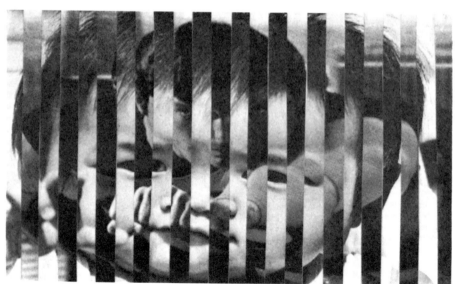

スーパーマンと赤ちゃん

型押し技法

　日本人の生活は、印鑑（はんこ）で始まり、印鑑で終わるといわれるように、印鑑がよくつかわれています。また、手紙やはがきには、かならず消印が押されていますし、駅には、その駅名のスタンプが置かれています。

　このように、ひとつの型をあらかじめ用意し、色をつけて紙にうつしとることを、型押し、スタンピングといいます。ひとつの決まった型を使って、いくつでも模様を作ることができるのが、「型押し技法」の特徴です。

用意するもの

絵の具。筆。画用紙。ピーマン。

技　法

①５本の指それぞれに絵の具をぬります。

②それぞれの指を、画用紙に押しつけます。

③強く押したり、弱く押したり、いろいろやってみましょう。また、絵の具のつけ方、押し方のちがいで、強い表現、弱い表現と変化をつけることができるでしょう。（図版28頁）

応　用

　用意したピーマンをタテにふたつに切り、切り口に絵の具をつけ、画用紙にペタンと押しつけます。種まできちんと模様になってつくでしょう。

　こんどは、ヨコに切ってやってみましょう。さっきとはちがさった模様ができます。（図版29頁上）

つぎに、筆の柄(え)の後ろを使い、模様を作ってみましょう。太い柄、細い柄のちがいで、大小の形ができますが、組み合わせ方により、花柄にもなって、おもしろいものができます。
　ピーマンや筆の柄のほかにも、使えるものがまだまだたくさんあります。鉛筆の後ろ、ノリのキャップ、ビンのふた……。いろいろためしてみましょう。
　これらを組み合わせ、また色を変えて、楽しい模様をたくさん作ってみてください。たとえば、印鑑だけを使っても、顔もできるのです。（図版29頁下）
　また、イモ版で「賀正」とか、その年その年の干支(えと)を作って、年賀状に使っても、この型押し技法は大いに利用できます。ぜひためしてみてください。

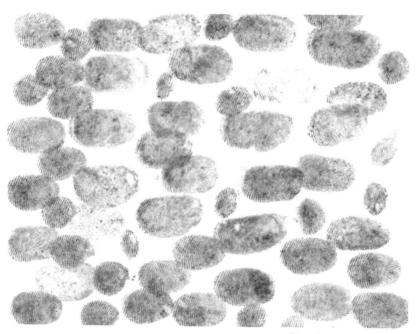

指によるスタンピング

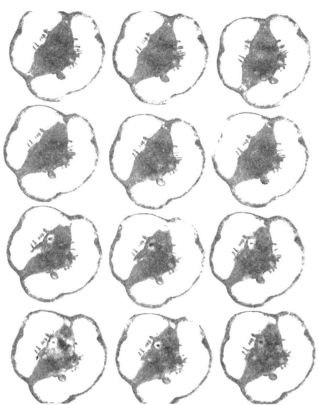

ピーマンの断面によるスタンピング

印かんで顔をかいた

型抜き技法

　家を建てるところを見たことがありますか。柱や板に「正角（せいかく）」「壹等（いっとう）」など、むずかしい字がかかれているでしょう。それらはどれを見ても、同じ字体です。これが「型抜き技法」（「ステンシル」ともいいます）を使ったものなのです。

　この技法は、版画の一種のシルクスクリーンの切り抜き法とか、染めの型染めに広く用いられています。

用意するもの

じょうぶな紙（厚紙）、画用紙。鉛筆。ハサミ。ナイフ。セロテープ、画びょう。ローラー。金網（使いやすいものが文具店に売っています。手に入らなければ、網戸に使うナイロン製のものでもいいです）。ブラシ（歯ブラシの古くなったものでも十分です）。水性絵の具。

技　法

①じょうぶな紙（厚紙）に、適当な図形や文字をかきます。

②その部分を、ハサミかナイフで切り抜きます。これを型紙（かたがみ）といいます。

③この型紙を画用紙の上に置き、ずれないように、セロテープか画びょうでとめます。

④好きな色の絵の具を水でとかしてブラシにふくませ、金網を型紙の上にかざし、金網の上でゴシゴシこすります。絵の具は霧状になって、型紙の上に落ちます。ボタボタたれないように気をつけましょう。

⑤絵の具が乾いたら、型紙をそっと取ります。きれいな形ができています。(図版31頁)

 応　用

　③〜⑤までをくり返すと、同じ形のものが何枚もできます。色を変えてくり返したり、型紙を少しずつずらして模様を作っても、きれいなものができます。(図版32頁上)

　この場合、なれたからといって、粗末に扱ったり、乱暴にしないことが大切です。

　また、金網のかわりに、ローラーを使って、型紙の上から刷っても、同じような効果がえられます。

　自分のイニシャルや、自分の好きな自分だけのマークを型紙にこしらえて、いろいろなものにぬりつけることも楽しいでしょう。年賀状に活用してみると便利でおもしろいです。(図版32頁下)

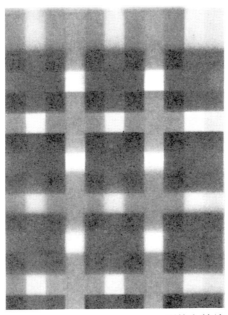

型抜き技法

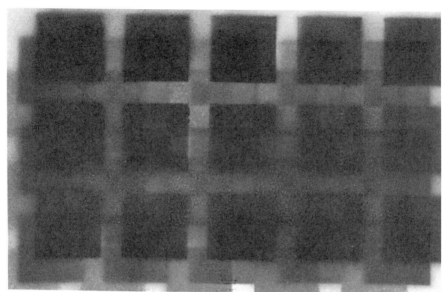

型抜き技法

年賀状に応用した

吹きつけ技法

　よくテレビや本で、砂漠の景色を見ます。よく見ると、砂漠は風によって、砂が動かされたため、表面が波のようになっています。太陽の光で影ができると、いっそう神秘的な光景になります。このような砂漠の景色のようなものを作るのに、いちばん適しているのは「吹きつけ技法」です。

用意するもの

画用紙。水彩絵の具。霧吹き（または、市販のカラースプレー）。ベニヤ板か画板。画びょう。アイロン。新聞紙。

技　法

①画用紙を丸めてクシャクシャのシワを作ります。

②それから凹凸が適度にできるくらいまで広げます。

③それをベニヤ板か画板にうごかぬよう、画びょうでとめます。

④濃い色の水彩絵の具を水でよくとき、霧吹きに入れます。

⑤いよいよ吹きつけるわけですが、このとき注意しなくてはならないのは、ヨコから吹きつけることです。上から吹きつけると、凹凸に関係なく、一様な影ができてしまい、効果が出ません。

　また、一度に吹きつけるのではなく、少しずつ、全体のバランスを考えながらやってください。とくに、一か所に吹きすぎますと、水滴になってしまい、効果が出ません。

⑥吹きつけがすんだら、十分に乾かして、シワを伸ばします。台紙をしき、吹きつけ面の裏からアイロンをかけると、平面になっていても、凹凸がうしなわれず、神秘的な雰囲気をかもし出しま

す。(図版34頁)

応用

このほか、小さな石、木片、棒(ぼう)などを画用紙の上に置いて、ヨコから絵の具（カラースプレーもよいでしょう）を吹きつけてみてください。太陽が西に傾いたときのように、長い影ができて、おもしろいものができます。(図版35頁)

また、画用紙をあらかじめちがう色でぬっておいて、同じことをしたり、吹きつける色を変えたりしても、おもしろいものができます。

さらに、クシャクシャにした紙の上に、「はじき技法」(15頁)のロウをたらしてみたり、小石などを置いて、左右からちがったカラースプレーをかけ、アイロンでロウを抜き、シワを伸ばしてみてください。複雑(ふくざつ)で神秘的な世界ができあがります。

紙をクシャクシャにして、左右から異なる色を吹きつけた

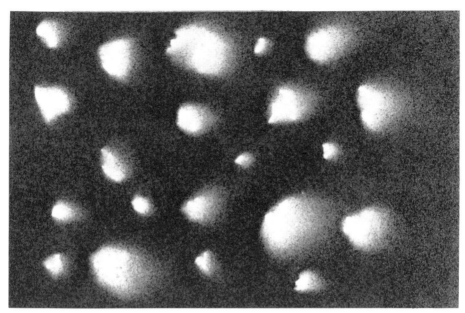

小さな石を置いて吹きつけた

木の棒を立てスプレーで吹きつけた

したたり技法

　雨水が屋根からポタポタと地面に落ちてきます。よく観察すると、下の水面にぶつかり、しずくをはねとばしています。そして、たまった水は、高い所から低い所へと流れていきます。

　この原理を利用して表現する方法を「したたり技法」（ドリッピング）といいます。

用意するもの
画用紙。墨汁（水彩絵の具、カラーインク）。筆（大き目のもの）。

技　法
　墨汁やカラーインクがとびちりますから、戸外の広い場所でしましょう。

①画用紙を地面に置きます。

②筆に墨汁をたっぷりつけて、それを思いきり画用紙に、たたきつけるように振り落とします。この場合、置かれている画用紙にねらいをつけて行うことが大切です。水まきをするとき、ホースから出てくる水と同じような図形が、画用紙にできます。

③それを何度となくくり返して、はげしい動きのある模様を作ってみましょう。手がきではなかなかできない、ダイナミックな、スピード感のある模様ができます。

　アメリカのジャクソン・ポロックは、この技法を用いた有名な画家です。

応　用
　墨汁だけでなく、いろいろな色の水彩絵の具を水でといて行っ

ても、すばらしくきれいな模様になります。カラーインクも、透明感のある美しい模様を作ってくれます。(図版37頁)

　また、スポイトを使って、雨水のようにポタポタとしずくを落としたり、画用紙の一端(いったん)を持ちあげ、そこからたらしたりしても、おもしろい模様ができます。(図版38頁)

　さらに、技法①〜③の作品に、スポイトによるたらしの技法を加えた作品も、作ってみましょう。色も豊富に使い。タテ、ヨコあるいはナナメからも行って、自由な表現をためしてみましょう。

　この技法を家の中で行う場合は、墨汁や水彩絵の具が、かなりとびちりますので、広い範囲に新聞紙などをしいた上で行ってください。

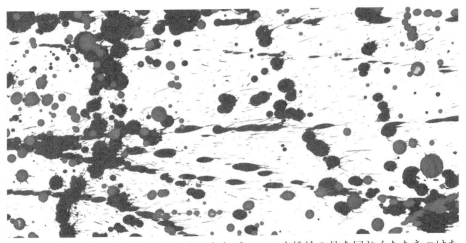

筆に墨汁をつけ、たたきつけ、そのあとピンクの水性絵の具を同じくたたきつけた

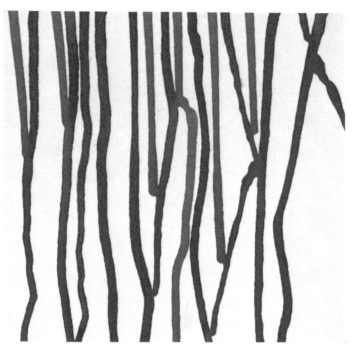

スポイトで上から流した

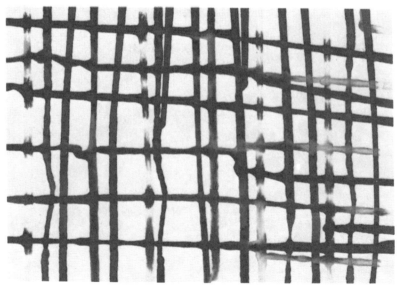

スポイトでタテ、ヨコから流した

あらい出し技法

　川に行って、ドロがついた一見きたない石を水で洗ってみると、思いもかけないきれいな模様の石になることがあります。この原理を使った技法を「あらい出し技法」（ウォシング）といいます。

用意するもの

画用紙。**水彩絵の具、またはポスターカラー**。**大きな筆かハケ**。**新聞紙**。

技　法

①画用紙に、白い水彩絵の具を、チューブから出したままの状態で、厚く（2～3ミリぐらい）、自分の好きな模様や図形にしてぬります。「あらい出し技法」は厚くぬったことによって生ずる、ひび割れや、凹凸に、絵の具が偶然にしみ込んだり、入ったりしますので、きまった模様とか図形でないほうが効果が出ます。

②ぬったあとはよく乾かします。この場合、乾かし方が不十分ですと、水に簡単に流されてしまいますから注意しましょう。

③その上から、黒、青、緑、茶など濃い絵の具を、こんどは水でといて手早くぬります。何度もくり返していると、先にぬった白い絵の具がとけてきて、よい効果がえられません。大きな筆かハケを使うとよいでしょう。

④乾いたら、水道の蛇口から水を静かに流し、きれいな筆で白い絵の具部分を重点にそっと洗います。白い絵の具にしみ込んだ濃い絵の具の何ともいえない重厚な模様が、浮かびあがってきます。

⑤それを新聞紙の上に置き、乾かしてください。（図版 40 頁、41

頁上）

応用

　最初にぬった白い絵の具を、黄、明るい青などに変え、乾いてから、キズをつけたり、一部分をはがしたり、ひび割れをつけたりして工夫してみるとおもしろいでしょう。

　このほか、シンナーを使ったつぎのような「あらい出し技法」もあります。雑誌などのグラビア印刷を用意してください。それをシンナーを浸した布で表面をこすります。ちょうど絵の具を水で洗ったと同じように、印刷されたインクが洗い落とされ、古い赤ぼけた写真のようになります。これに好みの絵の具をぬり込んで、元の印刷とはちがった、自由な表現に変える技法です（図版41頁下）。シンナーを使うときは、かならずお父さん、お母さんと一緒に行ってください。

あらい出し技法

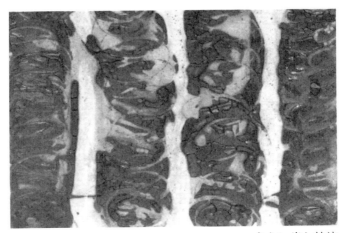

あらい出し技法

グラビア印刷をシンナーであらい出し、そのあとにカラーインクで手を加えた

ころがし技法

　丸い玉は、少しの傾斜でもころがります。また、平らなところでも、ちょっと力を加えると、コロコロところがります。その途中に障害物を置くと、それに当たりはね返って、またちがう方向へころがります。この丸い玉のように、ビー玉を使って模様を作ってみましょう。

<u>用意するもの</u>

4、5センチくらいの深さのある箱。画用紙。水彩絵の具。筆。ビー玉。

<u>技　法</u>

①画用紙を、用意した箱の大きさに切って、きちんと箱の底にしきます。紙が小さすぎると、水でといた絵の具が箱の底についてしまい、何回か同じことをする場合に、箱が汚れてしまいますので、注意してください。

②好きな絵の具を水でとき、筆にふくませて、箱の底にしいた画用紙の上にたらします。この場合、絵の具があまり濃くても、ビー玉に絵の具がつきにくいし、薄くしすぎても、絵の具自体が流れてしまい、おもしろい効果がえられません。墨汁くらいの濃さがちょうどよいでしょう。あるいはビー玉に直接絵の具をぬってもおもしろいです。

③箱の中にビー玉を入れます。

④箱を手に持って、グルグル回したり、上下左右に傾斜をつけて、動かしたりします。ビー玉は、あっちこっちと自由に動いて、つ

ぎつぎと模様を作ってくれます。(図版43頁)

応用

　同時に、2～3色の絵の具と、ビー玉2～3個ほどを使ってみても、おもしろいでしょう。

　ビー玉がぶつかったり、はね返ったりして、乾(かわ)かない色がそれぞれ混(ま)じり合い、筆では表現できない混色(こんしょく)や線で、すてきな模様ができます(図版44頁)。画びょうやピンをさして、障害物にしてもおもしろいです。

　また、ビー玉のかわりに、ほかのもの、たとえば、くぎ、画びょう、石ころ、小さくなった鉛筆などを入れてやってみましょう。

　この場合、注意することは、一度にたくさんの色やものを入れてしまうと、模様、図柄(ずがら)があまりにもゴチャゴチャになり、きたないものになってしまうことです。

ビー玉と墨1色

43

青、黄、ピンク、緑の4色

けずり技法

　ネコがツメをといだあとの柱を見ると、ツメのあとが何本か線になっています。また、ノリではった紙をはがすとき、なかなかよくはがれず、紙片が残ってしまいます。このように「けずり技法」は、けずること、はがすことを主とした技法です。

用意するもの

画用紙。クレヨン。くぎ。

技　法

①画用紙にクレヨンをぬります。最初に明るい色をぬってください。黄、オレンジ、ピンク、薄いブルーなどがよいでしょう。

②その上に、黒、濃いブルー、こげ茶など、濃い色を厚くぬります。

③それをくぎでけずります。具体的な模様でも、意味のない模様でもかまいません。強くけずったり、弱くけずったり、どんな方法で、どんな線や模様ができるのか、やってみましょう。くぎ以外でも、かたいものならいろいろできます。（図版46頁）

応　用

　色紙を用意して、画用紙にノリではりつけます。よく乾いてから、はった色紙をはがします。このとき、くぎでけずったり、ナイフで切るようにはがしても、おもしろいものができます。また厚手の紙に絵の具をぬってやってみましょう。色はクレヨンと同様に、まず明るい色をぬって、完全に乾いたら、濃い色をその上からぬり、それがまだ乾かないうちに、筆のとがった先で、模様

45

や図柄をかいてみます。クレヨンとはちがった雰囲気が出てきます。（図版47頁上）

　つぎにこんどは、最初に濃い色をぬり、完全に乾いてから、薄い色をぬり、同じ方法でやってみたらどうなるでしょう。

　また、身近にある段ボールでも、おもしろい試みができます。段ボールをくぎでひっかきます。ネコがツメをといでいるような気分になるでしょう。全体のバランスを考えながら、ひっかいてみましょう。できあがったものは、直接かいて表現できるものとはまったくちがう、荒々しい模様となって、おもしろいものが作り出されます。（図版47頁下）

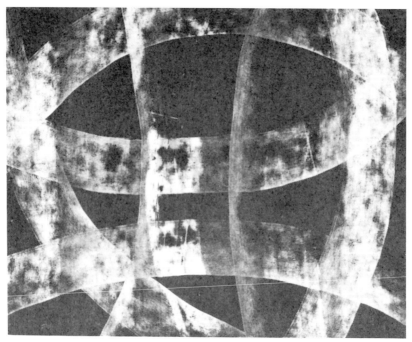

　　　クレヨンの明るい色を下地にぬり、その上に濃い色をぬり、
　　　その上をカミソリでけずった

下地に濃い色をぬり、乾いてから明るい色をぬり、その色が乾かないうちに、筆の柄の先でけずって描いた

段ボールを目打ちでひっかき、そのあと黒のスプレーを一方から吹きつけた

ぼかし技法

　霧やもやのかかった風景や、雨あがりの水たまりに、自動車などから落ちた油がひろがっているのを、見たことがあるでしょう。これらはいずれも、ぼやけてはっきりと物の形がわかりません。「ぼかし技法」は、このように形や色がはっきりせず、うすれたような状態を作るのが特徴です。水を利用した「ぼかし技法」をためしてみましょう。

用意するもの
半紙、画用紙。墨、水性絵の具（またはカラーインク）。筆。

技　法
　身近なぼかしの例としては、半紙に毛筆でかく書道があります。墨が薄い場合、半紙に引いた線は、どんどんにじんで太くなっていくのがわかります。

①半紙にタテに、水で何本かの線を引きます。

②つぎに、筆に濃い墨をつけ、ヨコに何本か線を引きます。水のみでタテに線を引いた部分は、墨がぼけ広がり、線が太くなります。水のつけていない部分は、そのままの状態です。（図版49頁）

③画用紙全体を水でぬらします。

④絵の具をたらすと、スーッと広がっていきます。

⑤ちがう色の絵の具をたらすと、その色が広がって、最初の絵の具を押し返します。（図版50頁）

　模様の形は、水の量に関係があり、紙によってもかなりちがいます。したがって、半紙、和紙のように、水の吸い込みのよい紙、

ケント紙のように吸い込みの悪い紙など、身近にある紙の特徴なり、ちがいを知ることもできます。

応 用

「ぼかし技法」はにじみや、しみによっても表現できます。白い布を用いて行う方法を説明しましょう。これは、白いハンカチにインクを間違って落としたときに生じるにじみと同じ方法です。

①新聞紙を用意して、その上に白い布を置きます。

②筆にたっぷり水をふくませてから、絵の具の好みの色を筆先に少しつけます。

③その筆先を布に当てると、筆にふくんでいた水と同時に、筆先の色がスーッとにじんでいきます。

④これを何度かくり返し、また色を変えて（このとき、筆先に前に使った色が残らないよう、きれいに洗い流しておくことが大切です）、模様や図柄を作ります。紙とはちがったやわらかい模様がえられます。染料を使えば、立派な染物にもなります。

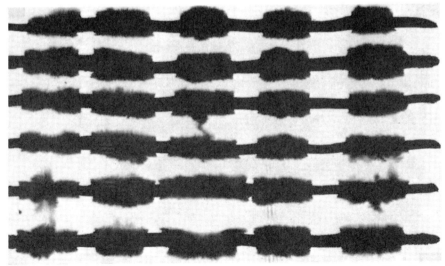

半紙に、水のみでタテに平筆で線を引き、ヨコに墨で線を引いた

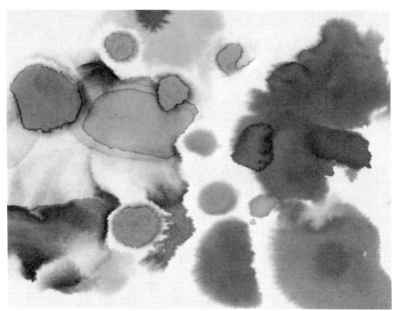

ケント紙に、あらかじめ水のみを筆でぬり、その上にカラーインクをたらした

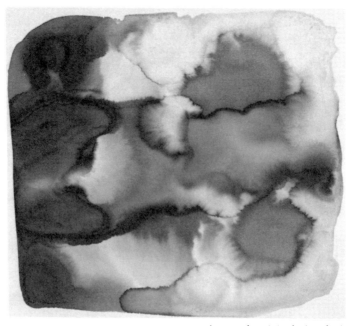

カラーインクによるにじみ

コラージュ

　「コラージュ」はフランス語で、ノリづけすることやはりつける
ことを意味します。本来ならば「ノリづけ技法」とか「はりつけ
技法」とか呼ばなくてはならないかもしれませんが、「コラージ
ュ」のほうが、はるかに一般的に知られている呼び方なので、そ
う呼ぶことにします。

　私たちのまわりには、実にたくさんのいろいろなものがありま
す。この「コラージュ」は、それらのものをはりつけて、自然界
にない、まったく独自な新しい世界を表現します。

用意するもの

マカロニ。ノリ。画用紙。水性絵の具。筆。クリアラッカー（透
明ラッカー）。

技　法

①マカロニをひとつずつ画用紙にならべてみましょう。人の顔も
できます（図版53頁上）。魚もできますし、まだまだいろいろな
ものが考えられるでしょう。ふだんは、サラダやグラタンにして
食べてしまうマカロニが、こんなにおもしろい材料として使える
のです。

　ひとつひとつのマカロニに、色をぬってもおもしろいコラージ
ュができます。

②マカロニに、水性絵の具を筆でぬります。

③よく乾燥させてから、速乾性のクリアラッカーを吹きつけます。
色が落ちず、長もちします。

51

④これをいろいろとならべて、はりつけて、おもしろい表現をためしてみましょう。

応 用

　穴のあいているマカロニは、ひもを通して、首飾りやのれんのようなものまで作ることができます。大きいものは、ひとりで作るのが大変ですから、お父さん、お母さんと一家で協力し合って作ることも楽しいものです。友だち同士でも、楽しく作れるでしょう。

　つぎに、段ボールを使ってやってみましょう。長さ１センチから３センチくらい、幅５ミリから１センチくらいに、段ボールをこま切れにします。それらを表面を上にしたり、断面を上にしたりして、画用紙にはっていきます。どうでしよう。ちょうど高い空から写したアパートが立ちならぶ、住宅街の航空写真のようには見えませんか。（図版53頁下）

　紙だけを使ってもおもしろい表現がえられます。ハサミで切ったもの、手でやぶいたもの、厚い紙、薄い紙、大きいもの、小さいもの、印刷されたもの、無地のもの、カラーのもの、白黒のものなど、これらをはりつけていきます。

　まだまだたくさんの材料があります。ビンのフタ、ボタン、毛糸、くぎ、落ち葉、石……。いろいろ工夫して楽しい世界を作ってみましょう。

　「コラージュ」は、ひとつの素材だけを考えても、たくさんの表現ができますので、この世界はとても広いのです。

52

コラージュ（マカロニ）

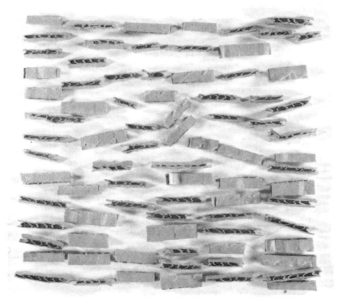

コラージュ（段ボール）

たたき技法

　「たたき技法」は、たたくことによって表現する方法です。27頁で紹介した「型押し技法」に共通点がありますが、押しつけるのではなく、あくまでたたいて表現する技法です。

用意するもの

画用紙。鉛筆（濃いもの、薄いもの）。ペン、サインペン、マジックインキ（細いもの、太いもの）。水性絵の具。

技　法

①鉛筆で画用紙をトントンたたきます。鉛筆の濃さを変えると変化がでます。

②同じように、ペンやサインペン、マジックインキなど、細いもの太いものをいろいろ混ぜて、たたいてみましょう。

③色を変えてみるのもおもしろいでしょう。

　図版55頁は、水性絵の具のチューブの口で、画用紙をたたいてみました。チューブを持つ手に、ちょっと力を入れると、点は大きくなり、力を抜くと小さくなり、リズムが生まれます。調子をつけて行うことが大切です。

応　用

　絵の具のチューブ全部を使って、具体的な模様や図柄を作ってみましょう。

　あらかじめ、画用紙に薄い鉛筆で下絵をかき、それぞれの場所に使う色を決めてから、たたきはじめるとよいでしょう。そばで見ると、何やらはっきりしませんが、離して見ると、とてもよく

見えてきます。

　これとは逆に、具体的な模様や図柄でなく、それぞれの色がひびき合って作り出す、何の意味もない図柄もおもしろいでしょう。その中には、リズムやハーモニーが感じられます。これは模様や図柄にとって、とても大切なものです。ためしてみましょう。

　ほかにもいろいろできます。軟式(なんしき)野球のボールに、墨汁(ぼくじゅう)をつけて、画用紙をポンポンたたいてみました（図版56頁上）。力を入れてたたいた場合と、力を抜(ぬ)いてたたいた場合とでは、また始めたころと終わりのころとでは、ずいぶん形がちがいます。

　ほかにも、タワシ、使いふるした歯ブラシ、カナヅチなど、たくさんの道具をいろいろ工夫して、また絵の具の色などを考え合わせてたたいてみましょう。

チューブより直接、絵の具を出してたたきつけた

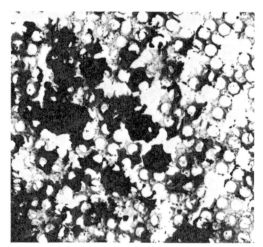

野球のボールに墨をつけてたたきつけた

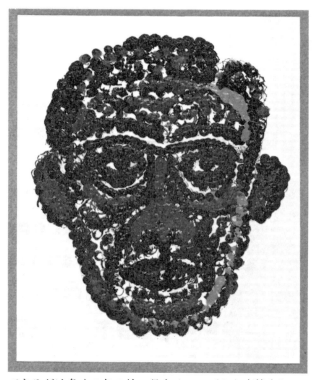

できるだけ多くの色の絵の具をチューブから直接出して、たたきつけて作った顔

マーブリング

　大理石のことを、英語では「マーブル」といいます。「マーブリング」（すみ流し技法ともいいます）は、美しい大理石の模様にとても似ている図柄を作り出すことから、そういわれています。

用意するもの

洗面器かボールのような広い口の容器。西洋紙や半紙のような吸水性のよい紙。インク（製図用インクのほうがよいです）、墨汁。筆。竹ばし（割りばし）、あみ棒。布、新聞紙。アイロン。

技　法

①容器に水を8分目ほど入れます。水がこぼれることもありますから、布や新聞紙などを下にしいたほうがよいでしょう。

②さらに机など、平らな場所に新聞紙を置いておきます。これは、水でぬれた作品を置いておくためです。

③筆にたっぷりと墨汁をつけ、静かに水面に落とします。

④それに、竹ばし（割りばし）かあみ棒を入れ、静かに変化をつけます。

⑤その上に、半紙（西洋紙）をすばやくかぶせます。

⑥半紙の裏に水がしみてきたら、容器から取り出します。おもしろい模様が見えてきたでしょう。

　このとき注意することは、模様がはっきり見えない場合があります。それは、墨汁が水の表面だけに浮いた状態ではなく、水にとけて、水をよごしてしまったからです。このよごれた水が、紙全体について、模様をはっきりと見えなくしているのです。

いったん水の表面に浮かんだ模様（マーブリング）は、一度紙にうつしすい取られると、水道の水で洗っても落ちません。

したがって、模様をはっきりさせない、よごれた水のついたところは、水道の水で洗い流すことによって、模様を鮮明にすることができます。この場合、水道の水は静かに流してください。

⑦模様のついた半紙は、そっと新聞紙（②）の上に置いて、乾かします。

⑧完全に乾いたら、アイロンをかけて、シワを伸ばします。アイロンはじかにかけてもよいのですが、最初はあまり高温でないことが大切です。裏からかけたり、当て紙をして、アイロンをかけるのも、できあがった作品を見栄えよくするコツです。

なお、水は墨汁がとけ、だんだん黒くよごれていきますから、そのままの水で、何回も行うと、ますますきたなくなります。適度に水かえ（①〜④）を行うことによって、模様もきれいにできあがります。（図版 59 頁上）

| 応 用 |

墨汁のかわりに、油絵の具で行うと、水と油の反発性から、細かい模様ができ、墨汁やインクとはちがつた、おもしろい図柄になります。（図版 59 頁下）

油絵の具を使うとき注意することは、油絵の具を、溶き油で薄くとくことです。硬めですと、油絵の具の重さで、水の表面に浮かばず、水の底に沈んでしまいます。

また、できあがった作品のよいところを切り取って、あとから組み合わせても、おもしろい作品ができます。

半紙に墨のマーブリング

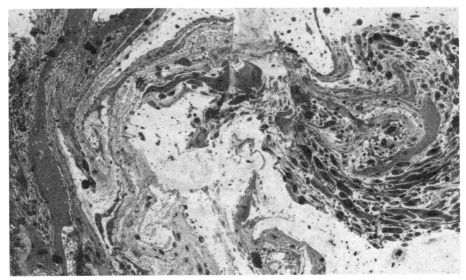

西洋紙に油絵の具のマーブリング

油煙（ゆえん）技法

　最近は、石炭ストーブがあまり使われなくなり、エントツから、黒い煙がモクモクと出ている光景が見られなくなりました。また、Ｄ－51のような、石炭をたいて走る機関車もなかなか見られません。

　煙でデザインができるなんて、不思議に感じられるかもしれませんが、汽車の煙と同じようなロウソクの油煙を使って、作品を作りましょう。

用意するもの

ロウソク（太いもの、細いもの）。画用紙。画材店で売っている定着液（フィキサチフ）。マッチ。

技法

①ロウソクに火をつけます。グラグラしないように、ロウをたらして固定します。

②炎の上に、画用紙をかざします。煙で画用紙が黒くなってきたでしょう。

③一か所ばかりに当てるのではなく、紙をグルグル回したり、うず巻きのように、だんだん輪を大きくしたり工夫しましょう。

④画用紙についたススは、手でさわるとすぐ落ちてしまいますから、定着液をかけます。定着液は、ススがついて模様ができた画用紙から、約30センチ離して、円をかくように左から右へと、スプレーして、だんだん下へかけていくか、直線をかくように、ヨコに左から右へかけ、だんだん下へかけていきます。つぎに、タ

テに上から下へと、直線をかくように、全体にかけるのがコツです。（図版61頁）

作品を作るとき注意することは、煙の特性をよく知っておくことが大切です。水は上から下へと流れますが、煙は下から上へとあがっていきます。したがって、炎にかざした紙をナナメにしますと、煙は上へいこうとして広がります。また、一か所だけに煙を集中しようとして、ロウソクをそのままにしていますと、火がついてしまいますから、とくに注意が必要です。火がついたときにそなえて、ぬれたタオルか水を用意しておくことも大切です。

応　用

ロウソクを2～3本同時に立てたり、ロウソクを手に持って、自由に動かして楽しい模様を作りましょう。オタマジャクシができました（図版62頁上）。また、紙を折ったり、水にぬらした上で行うとどうなるでしょう。（図版62頁下）

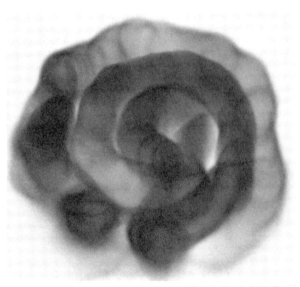

ロウソクの炎を回しながら作る

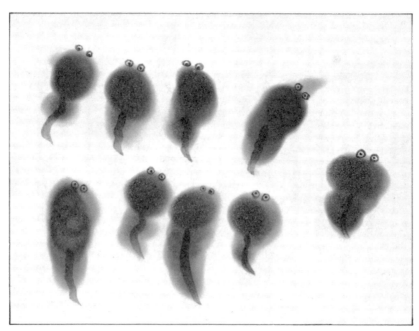

オタマジャクシの目とシッポは、あとから手がきでかき加えた

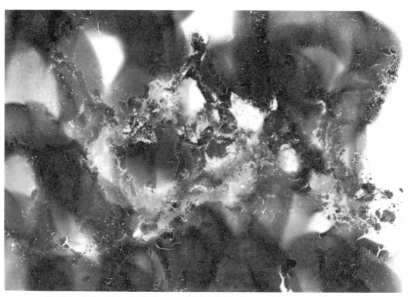

水でぬらし乾かぬうちに、油煙技法をし、乾かして定着液をかけた

植えこみ技法

　田植えを見たことがありますか。一株ずつ、ていねいに植えられた苗は、きちんとならんで、とてもきれいです。また、毎朝使う歯ブラシの毛も、稲かりをしたあとの田と同じように見えるでしょう。

　苗や歯ブラシの毛のように、植え込みしてできる模様を作ってみましょう。

用意するもの

厚手の紙（ボール紙など）。毛糸（2〜3色）。竹ばし。セロテープ。目打ち。ハサミ。定規。鉛筆。消しゴム。

技　法

①厚手の紙を 15 センチ四方くらいの大きさに切ります。

②定規、鉛筆で、タテ、ヨコに、1 センチ間隔ぐらいの規則正しい線を引きます。

③それぞれの線が交わったところに、目打ちで穴をあけます。

④鉛筆の線を、消しゴムで消します。

⑤毛糸を 5 センチくらいの長さに切り、ふたつに折ります。毛糸は、2〜3色あれば、さらにきれいな図柄がえられます。

⑥毛糸を、竹ばしで穴の中に、押しこむように入れます。なかなか入れにくいかもしれませんが、なれるとじょうずにできます。

⑦毛糸を入れた裏側には、5 ミリくらいの毛糸を出します。表のほうは、作る模様によってちがいますが、1 センチくらいが適当でしょう。毛糸の長さがふぞろいだったら、ハサミで切り整えま

す。

⑧すべての穴に植えこみが終わったら、裏側に出した部分を、セロテープでとめて、抜けるのを防ぎます。(図版64頁)

|応　用|

　毛糸のほかに、ビニールのひもやマッチ棒など、いろいろな材料が考えられます。また、規則正しい模様(図版65頁上)のほかに、不規則な模様も考えられます。(図版65頁下)

　さらに、板に大きなくぎでたくさんの穴をあけ、小枝とか枯草などを、酢酸ビニール樹脂系の接着剤(木工ボンド)をつけ、穴に植えこむと、楽しい作品ができます。

　また、庭に咲いた季節の花々を、ドライフラワーにして、1年間の花暦を作ってみるのも、この技法を生かしたひとつです。

　植えこんでできあがった作品を、玄関とか壁にかけたら、立派なアクセサリーになります。

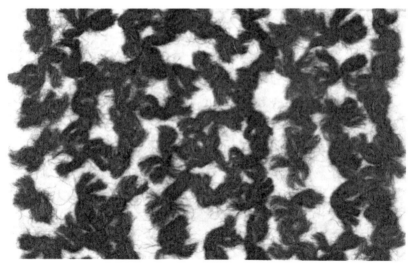

厚紙に毛糸を規則正しく植えこむ

厚紙にビニールひもを植えこむ

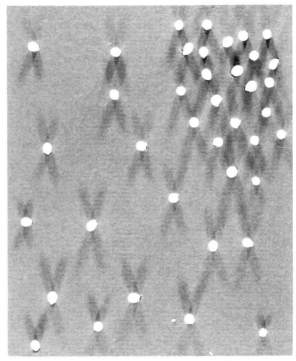

マッチの頭を不規則に植えこむ

織り技法

私たちの生活には衣服は欠かせません。

衣服の表面をよく見ると（見えなければ、虫メガネを使ってください）、タテ糸とヨコ糸が交わっているのがわかります。衣服の織り方はいろいろありますが、ここではいちばん簡単な、平織について研究しましょう。

用意するもの

色紙２種。定規。ハサミ。ノリ。鉛筆。

技　法

①１枚目の色紙に、１センチ間隔で線を引きます。

②線のとおり、ハサミで切ります。このとき大事なのは、最後まで切らずに、下を２センチくらい残しておくことです。これは、色紙がバラバラになることを防ぎ、またタテ糸のかわりとして使うためです。

③もう１枚の色紙にも、１センチ間隔で線を引きます。

④線のとおりハサミで切ります。こんどは最後まで切り、バラバラにします。これはヨコ糸のかわりとして使います。

⑤②と④を使い、タテとヨコを、１本ずつ交差させていきます。

つぎに、最初とは逆に交差させます。これをくり返し行います。

すき間をあけないために、②で切りはなさずに残しておいた、タテ糸用の色紙のほうに、しっかりと寄せます。だんだん格子模様になってきたでしょう。

⑥全部織り終わったら、端をノリでとめます。

⑦できた作品に、裏から紙をはり台紙にします。すてきな模様ができたでしょう。(図版67頁)

　作るのに注意しなくてはならないのは、どんなものを作るかということを、あらかじめ考えておく必要があるということです。

　幅1センチずつのタテ、ヨコとも同じものであれば、そうむずかしいことはありません。しかし複雑（ふくざつ）なものでは、そう簡単にいきません。

　そこでグラフ用紙を用意して、これに作ろうとするものの、幅、間隔、色などを考え、下絵（したえ）を作っておくことが必要です。これがしっかりとできていれば、この下絵にそって、色紙を選び、太さ、間隔を下絵に合わせて、切り離して織ればよいのです。

応　用

　切る幅を変えたり、だんだん細くしたり（図版68頁）、色を複雑にしていったり、いろいろためしてみましょう。とてもおもしろい模様になります。

織り技法

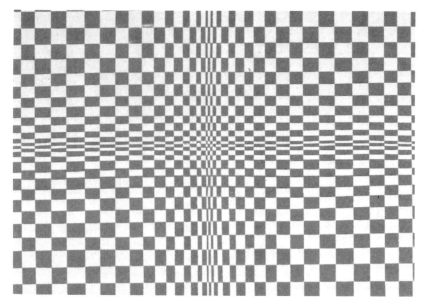

作品例　佐藤栄里子作

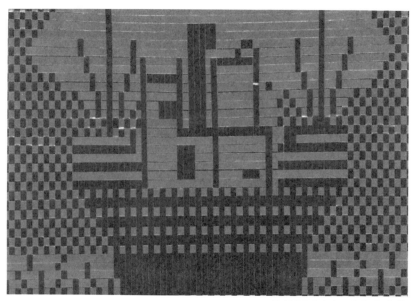

作品例「舟」　十亀和恵作

スプリング

　本物のスプリングは1本の線でできていますが、この「スプリング」という技法は、円をたくさん集めることによって、スプリングのような模様を作るものです。図柄を見るとむずかしそうに見えますが、実際にやってみると、そうでもありません。

用意するもの

コンパス。画用紙。定規。

技　法

①画用紙に、長さ15センチの線を引きます。

②それに3ミリずつの間隔で、印をつけます。

　ここで注意することは、線も印も、薄くあまり目立たないようにすることです。

③印を中心にして、順番に円をかいていきます。円の半径は2センチくらいがよいでしょう。だんだん目が回るような模様になっていきます。順番を間違わないように、最後の印まで円をかきます。（図版70頁）

応　用

　直線模様は、どこまでも直線ですが、曲線になりますと、円は重なり具合が、さらに複雑になります。曲線では、円が同じ場所を2回、3回と重なりますから、円をかくときの注意が必要です。しかしそれだけに、重なりによってできるスプリングのからみが、おもしろい模様を作ります。

　これを利用して、技法①、②のかわりに、アルファベットの筆

記体の文字（曲線が多く、とてもよい題材です）を使うと、とてもおもしろい模様ができます。自分の頭文字でためしてみましょう。（図版71頁）

別の方法もあります。厚手の紙を丸くくりぬいて定規を作り、そのふちに鉛筆を当て、順番に円をかいても、同じ模様ができます。色鉛筆、カラーペンなどを使って、暗い色からだんだん明るい色にしてみても、とてもきれいな模様ができます。この場合、15個くらいは、同じ色でかくとよいでしょう。

また、烏口コンパスという製図用コンパスを使うと、とてもきれいに正確に円をかくことができます。

カラーインクをいろいろ使って、このスプリングを作ると、さらに密度の濃い正確な模様ができます。

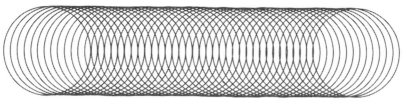

15センチの直線に3ミリ間隔の印をつけて行った

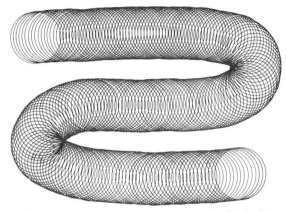

スプリング

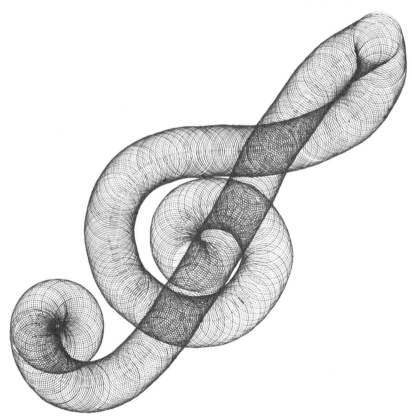

スプリング　山田景子作

ローラー技法

　道路工事に使われているローラー車を見たことがありますか。ローラー車が通ったあとは、帯状に平らになっています。このように、帯状に平らになる特性を利用して、模様を考えてみましょう。

用意するもの

調味料か薬のビンで、丸くて表面に凹凸のないもの（長さは10センチほどで、直径が3センチくらいのもの）。あるいは、画材店で売っているゴムローラー（壁ぬり用のローラーでもよい）。画用紙、厚手の紙。筆。水彩絵の具。

技　法

①机などの平のところの上で、厚手の紙の上に、好きな色の絵の具を出し、少し水を加えて筆で混ぜます。

②それを、ビンまたはゴムローラーによくつけます。絵の具の上をころがすようにして、全面にまんべんなくつけます。

③それを、手早く画用紙の上でころがします。タテにもヨコにもころがします。筆ではあらわせない帯状の面が、ずいぶん早くできます。

④よく乾いたら、洗って色を落としたビン、ゴムローラーに別の色をつけ、またその上からやってみましょう。きれいな色が重なって、おもしろい模様ができます。

応　用

　ビン、ゴムローラーの中心を動かさないで、円をかくようにし

たり（図版73頁）、波状に動かしたり、ひねったり、いろいろ工夫してみましょう。

また、ビンやゴムローラーなくても、つぎのようにしても楽しめます。

大根か人参を、6〜7センチの長さに切ります。包丁を使って、凸部をけずり取り、円柱のようにします。そして、その中心に竹ばしを刺して、ローラーを作るのです。ローラーはこれでできあがりましたから、筆で大根（人参）ローラーに水性絵の具をつけ、紙の上をゴロゴロころがすのです。

紙の下があまりかたすぎますと、ローラーのあとがよく出ませんから、やわらかい布をしいて行うとよいでしょう。大根の表面の凹凸が、かえっておもしろい図柄を作ってくれます。（図版74頁）

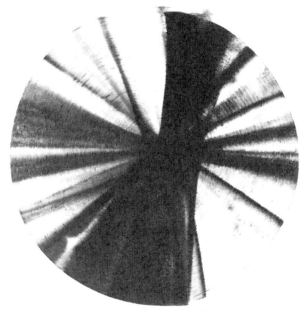

ゴムローラーを使い、中心を動かさず円を描くようにした

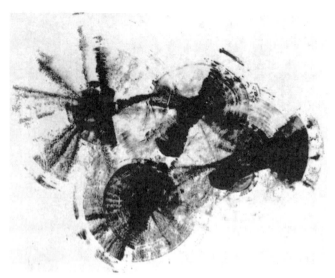

調味料のビンを用いた

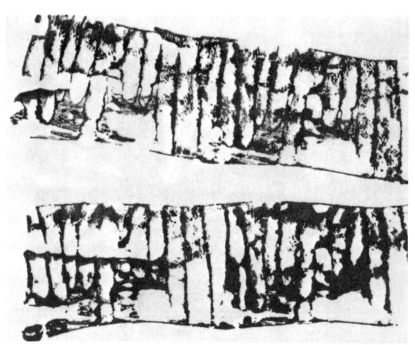

大根をローラーがわりにしてころがした、表面の皮をむいたあとがよくわかる

糸はじき技法

　家を建てるときに長い板や柱を使いますが、その表面はなめらかではありません。その上に筆で細い線を引くのは、とてもむずかしいのです。こんな場合に使われるのが「スミツボ」という道具です。「糸はじき技法」は、この「スミツボ」と同じように行います。

用意するもの

画用紙。水彩絵の具。筆。綿糸（タコ糸）。ベニヤ板か画板。画びょう。新聞紙。

技　法

　はじめは道具を作ります。

①画びょうに、綿糸の一方をきつく結びます。長さは50センチくらいがよいでしょう。綿糸はあらかじめ、水でぬらしておくことが大切です。

②綿糸のついた画びょうを、ベニヤ板の上にがっちり刺します。ちょっと引っぱって取れるようではダメです。

③水彩絵の具を水でとき、筆に十分にふくませて、それを綿糸に移します。

④ベニヤ板の上に画用紙をのせます。

⑤綿糸を画用紙に近づけ、片手で引っぱります。もう一方の手で、ピンと伸びている綿糸を、こんどは上のほうに引っぱり、いきおいよく放します。ちょうど弓の弦のように、ビシッと画用紙に当たり、綿糸にふくませた絵の具が画用紙につきます。

⑥画用紙をずらして、何本も引いてみましょう。線が細くなって
きたら、筆でまた絵の具をつけてやります。（図版77頁）

　絵の具がはねて、よごれることがありますから、新聞紙などを
下にしいてください。

応　用

　綿糸を変えて、技法③とはちがった色でも試してみましょう。
手ではかくことのできない、すてきな模様になります。糸の太さ
も、長さも変えてやってみましょう。

　また、真っ白い画用紙に、こんどは絵の具で色をぬっておきま
しょう。色は赤でも、青でもよいです。乾いたら、技法①〜③と
同じように、黄色の絵の具を水でとき、綿糸にしみこませて、は
じいてみましょう。あざやかな模様ができます。

　ほかにもいろいろな組み合わせができますから、好きな色を選
んでためしてみましょう。

　さらに、定規が足りないぐらいの大きな画用紙、またはキャン
バスに、模様や図柄をかきたいときなど、この「糸はじき技法」
を利用すると、とても便利です。

　たとえば、図の大きさがベニヤ板1枚の大きさ（180センチ×
90センチ）とします。「糸はじき技法」を利用して、糸はじき線
で区切り、家族全員で、色をぬって、壁画を作るとか、クラス全
員の進級祝いの作品とか、卒業記念の大作品の制作に、大いに役
立たせることができます。

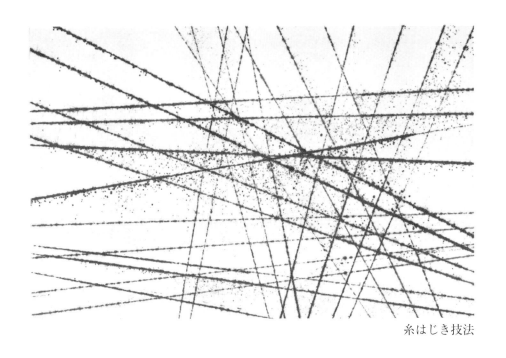

糸はじき技法

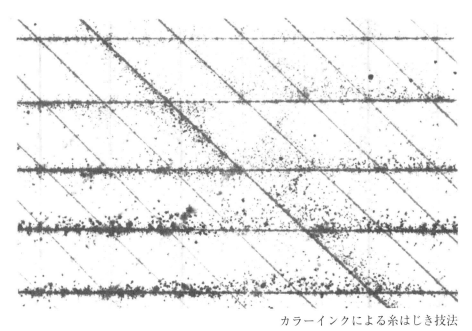

カラーインクによる糸はじき技法

穴あけ技法

穴_{あな}をあけることによって、できる模様_{もよう}を考えてみましょう。

用意するもの

画用紙。台紙に使う色紙。ノリ。大きなくぎと、小さなくぎ。パンチ（穴あけ器）。

技　法

①画用紙にくぎでどんどん穴をあけていきます。

手にくぎを刺_さしたり、画用紙を破いたりしないよう注意してください。この場合、はじめる前に、作る模様を考えておくのもよいことです。また、表から穴をあけた場合と、裏からあけた場合とでは、模様がちがってきます。かたい紙、やわらかい紙でもちがうし、くぎの太さによってもちがいます。

②できたら、台紙の色紙を裏からはります。穴から見える台紙の色が、とてもきれいです。（図版 79 頁）

③また、パンチを用いて、同じ大きさの穴を、ただ配列_{はいれつ}を変えて、ならべるだけでも、おもしろい模様になります（図版 80 頁）。何かのデザインに活用できそうです。

応　用

10 センチ四方の白い画用紙 16 枚と、同じく 10 センチ四方の、いろいろな色の色紙を 16 枚用意します。どちらも 1 枚ずつ、手で破いて穴をあけたり、またはパンチを用いて穴をあけます。穴の数はそれぞれ自由にあけましょう。

そして、穴をあけた画用紙、色紙を 1 枚ずつ合わせて、はり合

わせます。このとき、8枚は白い画用紙が上になるように、残り8枚は色紙が上になるようにはり合わせます。それぞれの穴が、少しずれたり、あるいはかくれたり、一致したりして、おもしろい雰囲気を作り出します。

　さらにこんどは、それらのはり合わせたものを、大きな画用紙（40センチ四方あればよい）に、タテ4列、ヨコ4列に交互にはりつけます。1枚ずつ持っているおもしろい雰囲気が、16枚になりますから、それらがたがいに関連し合ったり、あるいは反発し合って、楽しい作品になります。

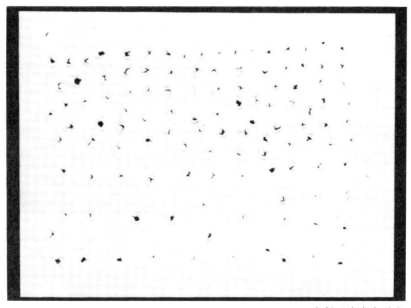

くぎで穴をあけた

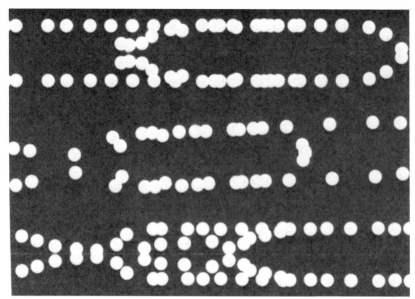

パンチを用いて穴をあけた

パンチを用いて穴をあけた

ふりかけ技法

「ちらしずし」は、ご飯の上に、たまご焼き、焼きのり、べにしょうが、そぼろなどがふりかけてあります。色あいがとてもすてきで、上から見ると、きれいな模様になっています。

このように、上からパラパラと落とす「ふりかけ技法」について考えてみましょう。

用意するもの

画用紙。色紙。ハサミ。ノリ。

技　法

①色紙をハサミで細かく切ります。四角や三角、あるいは細長いのもよいでしょう。形はまったく自由です。色は、2、3色用意するときれいです。

②画用紙に、ノリを濃いめにぬります。

③ノリが乾かないうちに、①で切った色紙を、その上にパラパラとふりかけます。中央にかためたり、一方に寄せたりして工夫してみましょう。

また、色あいを考えて、最初から2、3色の色紙を混ぜておいて、ふりかけてもおもしろいです。

④ノリが乾いたら、上からきれいな紙を当て、全体を押し、接着を強めます。

⑤ノリにつかなかった色紙を、ふりはらいます。きれいな模様ができたでしょう。(図版83頁上)

別の方法もありますから、ためしてみましょう。

からになった調味料のビンで、フタに穴のあいたものを用意します。そして、その穴から出るものをさがして、その中に入れます。たとえば、ゴマ、砂、ビーズ、クレヨンをけずって細かくしたものなど、いろいろあるでしょう。

技法①〜③と同じように、ノリをぬった画用紙の上にふりかけてみましょう。いろいろなものが混じってできる、偶然の模様が発見できるでしょう。(図版83頁下)

「ふりかけ技法」は、ふりかけるものがちらかるので、あらかじめ新聞紙などをしいて、行うのがよいでしょう。

応　用

さらに「型抜き技法」(30頁)のように、型紙を作り、それに合わせてノリをぬりますと、決まった図柄が、いくつもえられますし、具体的な模様を作ることが可能となります。

たとえば、厚紙に丸や四角をいくつかくり抜き、型紙を作ります。画用紙の上に型紙を置き、型紙の上からノリをぬります。型紙を取りさり、色紙を細かく切ったものを、その上からふりかけます。ノリが十分に乾いたら、ノリのついていない余分な色紙をふり落としますと、ノリのついた部分しかふりかけた色紙がついていませんから、型紙とおりの模様がえられます。

このようにして、魚の形を作ってみましょう。厚紙を用いて、魚の形をくり抜き、同じように型紙を作ります。画用紙に型紙を置き、ノリをぬります。その上から、ゴマ、砂などをふりかけ、ノリが乾いたら、余分なものをふり落とすと、ゴマや砂でできた魚ができます。

またあらかじめ、ゴマや砂に色をつけて行ってみると、おもしろいでしょう。

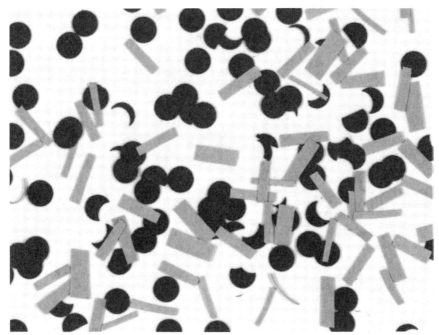

ふりかけ技法

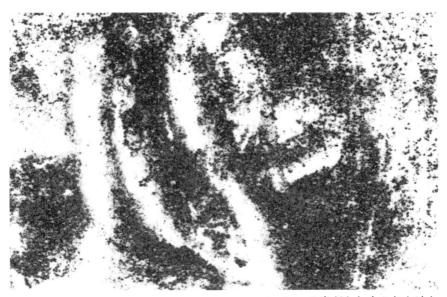

コーヒーの出がらしをふりかけた

フォト・モンタージュ

「フォト・モンタージュ」は、フランス語で「組み立て」「編集」という意味の言葉です。

いろいろな写真、印刷物を利用して、おもしろい世界を組み立ててみましょう。

用意するもの

画用紙。ハサミ。ノリ。写真がたくさんのっている雑誌（適当な雑誌がなければ、チラシ、古くなったカレンダーの写真、新聞写真などでもよいです）。

技　法

①まずベースになる写真をさがすことからはじめます。その場合、これから作るものによっていろいろちがいますが、一般的にいえることは、広々としたものがよいでしょう。たとえば、山、海、平原、砂漠、空などは、いろいろな展開が可能なベースとなります。

②ベースの写真が決まったら、それを画用紙にはります。

③それに、別の雑誌などから切り抜いた写真をはっていきます。

切り抜くとき、とくに注意することは、りんかくをていねいに切ることです。これれがきたないと、いかにも切り抜いてはったものだという証拠がありありと見えすぎるからです。これでは、トリックがすぐわかってしまいます。全体の構成を考えながらはりましょう。

図版85頁は、まずベースの写真に、アメリカのグランド・キャ

ニオンの写真を使いました。それに、べつの雑誌から切り抜いた、ビル、ヒョウ、自由の女神（めがみ）、飛行機、女性などの写真をはりました。

　こんな風景は、実際には絶対ありえません。しかし、この「フォト・モンタージュ」では簡単にできるのです。

　海の中を鳥や飛行機が飛び、何もない砂漠（さばく）にラクダより大きなクモがいたり……。どんどんアイデアが出てくるでしょう。あるいは、こんなことも考えられるのだという、未来の想像図でもよいでしょう。

　こんなところに、考え、作り出すよろこびがあるのです。おもしろく、楽しい作品をどんどん作ってみましょう。それに物語をつければ、りっぱな絵本にもなります。ためしてみましょう。

フォト・モンタージュ

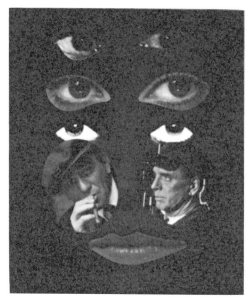

フォト・モンタージュ

フォト・モンタージュ

ぬい技法

　柔道をするときに着る柔道着をよく見ると、裏から表から、太い糸でぬってあるのがわかります。これは柔道着をじょうぶにするための「刺し子」というものです。さらによく見ると、このぬい目は一定のリズムがあるようにも見えます。

　また、お母さん、お姉さんがししゅうをしているのを見たことがあるでしょう。白い無地にいろいろな色の糸を使って、模様をあらわしています。

　「ぬい技法」では、柔道着やししゅうのように、ぬう方法を用いて、自由で楽しい模様を考えてみましょう。

用意するもの

画用紙か少し厚手の紙。毛糸。ピンどめか太い大きいぬい針。鉛筆。くぎかキリ。

技　法

①画用紙に、自分が作ろうとしている模様を、鉛筆で薄く下がきします。それは、動物、花、乗り物など具体的な模様でも、図形のような模様でもよいでしょう。

②この線の上に、あらかじめ、くぎかキリのような先のするどい道具で、ぬうときの間隔どおりに、穴をあけておきます。

　このとき注意することは、穴の間隔をあまりせまくしないことです。せますぎると、毛糸を通すとき紙が破れてしまいます。（本番の前に、テストするのもひとつの方法です）

③穴あけが終わったら、針かピンどめに毛糸を通して、ぬいはじ

めます。

　ピンどめを使う場合は、毛糸が抜けることがありますから、一方のはしに、抜けないように結び目を作ります。

④ぬうときは、同じ穴を、2回でも3回でも通してかまいません。毛糸の色をいろいろ変えて、カラフルな模様にもできます。

　ぬうという技法は、私たち日本人の生活の中にも、また外国人のいろいろな国でもたくさん取り入れられています。

　たとえば日本では、さらし木綿を使った「花ふきん」があります。（図版88頁）

　ぬうということは昔、女性がすることとされていましたが、今ではそれを、デザインの一部として考えて、十分に役立つ技法となっています。いろいろためしてみましょう。

ぬい技法、日本伝統の「花ふきん」—「木瓜（もっこう）」の模様

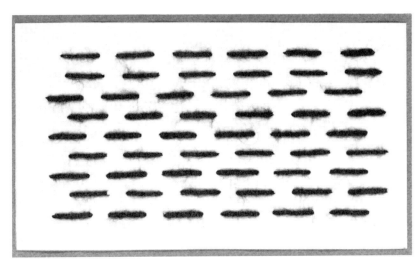

刺し子模様

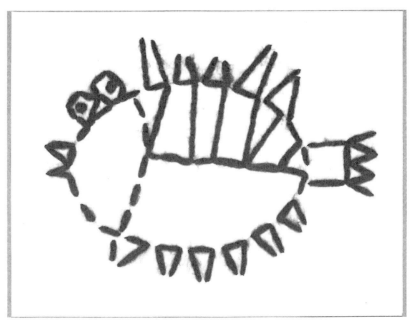

ぬい技法で魚を表わした

重ね技法

重ねることによってできる模様を考えてみましょう。

たとえば、レースのカーテンごしに見る外の風景は、実際とはちがうおもしろい雰囲気があるものです。これはどうしてなのでしょう。レースのカーテンと風景が重なって、いつも見える形が強く見えたり、弱く見えたり、変化しているからです。

また、夏になれば、いろいろな場所で噴水が見られるでしょう。水を通して見ると、いろいろなものが、ゆがんだり、長くなったり、小さくなったりして見えます。これらは、それぞれが重なって生まれる効果なのです。

用意するもの

レース。金あみ、ビニールあみ（虫よけに使うあみ戸のあみ目ぐらいがよい）。画材店で売っているカラートーン、スクリーントーン（これらは、いずれもでき合いの模様です）など、つまりすけて見えるもの。写真、絵など適当な図柄。または、自分でかいた絵であれば、もっとよいでしょう。

技 法

用意した写真や絵などに、レースや、金あみや、スクリーントーンを重ねてみるだけです。

図版91頁は、真っすぐなスクリーントーン（市販されているものには、透明な紙、またはビニール製のものに、真っすぐな線、あるいは曲線、波線、点などが印刷されています）を、2枚はり合わせたものです。

重ね合わせたときに生じるモアレという模様が、とてもきれいなリズムを作っています。角度を変えると、モアレも変化しますから、どんどん角度を変えてやってみましょう。

　図版92頁は、ビニールあみを使ったものです。下に置いた動物の写真は、キバをむき出しにしたおそろしい猛獣(もうじゅう)ですが、あみを通して見るとやわらかく見えます。

　「重ね技法」で注意することは、重ねるあみ目が、ふつうのあみ戸ぐらいあれば、重なる写真が濃いものであれば、それなりに印象が強いし、薄いものは印象が弱くなり、遠方(えんぽう)を感じさせることです。

[応　用]

　ほかにもレースのカーテン、ガーゼ、トレーシングペーパー、クモリガラスなどが考えられます。どんどんやってみましょう。

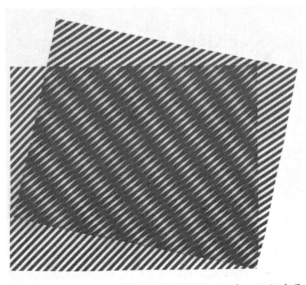

平行線のスクリーントーンによる

ビニールあみと写真による

から押し技法

　もちあみの上でおもちを焼くと、おもちの表面に、あみの形がくっきりと映ります。

　「から押し技法」（「エンポッシング」ともいいます）は、おもちの表面の、もちあみのあとのように、色を使わず、紙に模様を浮き出させる技法です。

用意するもの

画用紙、厚紙。竹ばし、またはガラス棒。定規。カッター。セロテープ。洗面器。新聞紙。

技　法

①厚紙から適当な形を切り抜きます。たとえば、単純な四角とか三角、丸でもよいでしょう。これらを連続して作ってもかまいません。または、アルファベットのような文字とか、動植物のような具体的なものでもよいでしょう。

②画用紙は、厚紙全体と同じ大きさに切ります。

③切りとった画用紙は、洗面器などに入れた水に、10分くらいひたします。

　これは、から押しするとき、その形を鮮明に浮き出させるため、紙をぬらし、やわらかくするためです。

④そのあと、画用紙は新聞紙にはさんで、水分をとります。時間は約30分くらい。ちょうど半乾きぐらいの状態がいちばんよいのです。

⑤この画用紙を厚紙の上にのせ、端がずれないようテープでとめ

ます。

⑥それが終わったら、竹ばしの太い部分か、またはガラス棒で画用紙をこすります。

このとき注意することは、最初から強くこするのではなく、最初はやわらかく、だんだん力を入れてこすることです。厚紙から切り抜いた形があらわれてきたでしょう。

⑦形があらわれてきたら、とくにふちの部分をていねいにこすります。これは、かならず行ってください。

⑧こすり終わったら、テープをはがし、画用紙をひっくり返してみましょう。きれいに形が出ています。「から押し」のできあがりです。

応 用

画用紙を少しずらしてこすってみましょう。どんどんやっていくと、きれいな模様がならびます（図版95頁上）。この場合とくに注意することは、最初に作ったふちを二度こすらないことです。

また、できあがってならんだ「から押し」の上から、もう一度少しずらして同じことをくり返すと、おもしろい模様になります。（図版95頁下）

このほか切り抜きの形をいろいろ変えたり、厚紙のかわりに金あみを使っても、おもしろい模様ができます。

また厚紙のかわりに、木版画用の木を彫刻刀でほり、模様をつけ、その上に半乾きの紙をのせ、バレン（木版画でするときに使う、こする道具）で、ていねいにこすります。これでも「から押し」ができます。さらに、ゴム板か、やわらかい木の上で、大きなくぎの頭を紙に当て、軽く打ちつけても「から押し技法」の雰囲気を楽しめます。

94

から押し技法

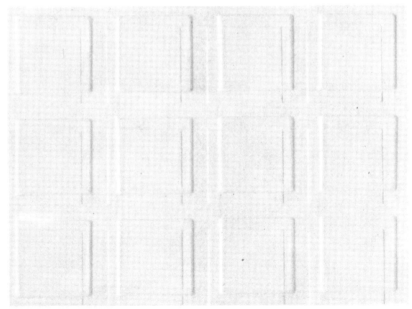

紙の切り抜きを用い、2回から押しをした

切り抜き技法

　切り抜くことによって表現する方法を考えてみましょう。

　新聞を読んでから、大事な部分を切り取って保管しますが、これをスクラップといいます。さて、一部分を切り取られた新聞を見ると、その場所につぎの頁の広告などが顔を出しています。小さな字の中に、とつぜん大きな写真が半分見えたりします。これをひとつの図形として見るのも楽しいものでしょう。

用意するもの

画用紙。雑誌などのカラー印刷部分、色紙。カッター。鉛筆。ノリ。

技　法

①画用紙に、鉛筆で自分の好きな図形（四角、三角、円のような単純な形でも、具体的な図柄でもよいでしょう）をかきます。

②その模様をカッターで切り取ります。カッターで切り取ったなめらかな曲線、またはするどい直線は、筆などでかくときとはぜんぜんちがいます。

　このとき注意することは、カッターの刃を少ししか出さないこと。むやみに出すとケガのもとになります。

③切り取られた部分に、用意した色紙やカラー印刷物を、裏から当ててみましょう。図版98頁上は、魚の切り抜きですが、目玉やヒレをあとからかきたして、雰囲気を出してみました。

応　用

　切り抜く模様は、魚、チョウ、自動車など、いろいろな形が考

えられます。いろいろやってみましょう。

　また、ケント紙、画用紙にいろいろな色を、1枚に1色ずつぬって乾かします。

　たとえば、赤、青、黄の3枚を用意します。最初に赤の紙を大きく四角に切り抜き、その切り抜かれたところに、青の紙をはりつけます。つぎに、青い部分を丸い円で切り抜き、その切り抜かれたところに、黄の紙をはりつけます。さらに、黄の部分を三角に切り抜き、切り抜かれたところに青の紙をはりつけ、青の部分を四角に切り抜きます。同じようにしておのおの2回くり返して模様を作ってみました（図版98頁下）。中心がだんだん小さくなっていき、すいこまれるようです。

　これとは別に、切り抜いた部分の裏から、透明のカラーシートをはりつけ、光を当てると、色つきの影絵になります。

切り抜き技法

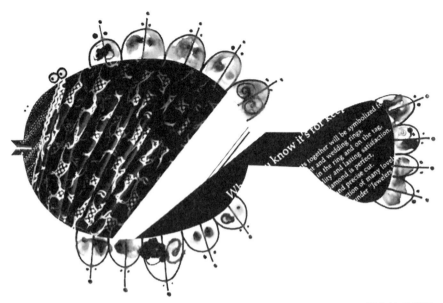

切り抜き技法

切り抜き技法

紙版（かみはん）技法

　版画の特徴は、絵や彫刻とちがい同じものがたくさん作れることです。木版画のほか、銅版画、シルクスクリーンなど、版画にはいろいろな技法があります。

　「紙版技法」は、紙で版を作る方法で、この技法は「ペーパープリンティング」ともいい、凸版の仲間です。

用意するもの

画用紙。トレシングペーパー。ハサミ、カッター。ノリ。絵の具。ゴムローラー。バレン。鉛筆。新聞紙。

技　法

①１枚の画用紙に好きな絵をかきます。それは自分のお父さん、お母さんの顔、動物、魚、虫、風景、あるいは単なる図形など、何でもいいでしょう。

　例として、顔を作る方法を説明しましょう。

②画用紙にかいた顔の上に、トレシングペーパーをのせ、濃い鉛筆で顔を写します。

③写し取ったトレシングペーパーを裏返しして、濃い鉛筆を、裏うつりしている線にこすりつけます。ちょうどカーボン紙のように、上から線をつけると、裏のスミが複写されるような状態にするのです。

④そのトレシングペーパーを、カーボン紙と同じ要領で、表から線をかたい鉛筆でなぞって、ほかの画用紙に写します。

　この場合、顔全体を１枚にして写すのではなく、目は目のみ、

口は口と、部分をそれぞれに分けて写し取ります。

⑤それを、ハサミ、カッターで切り取ります。手で破ってみても
おもしろいです。

⑥切り取ったものの裏に、ノリをぬり、もう1枚の画用紙にはり
つけ、版をつくります。

　このとき注意することは、しっかりとはりつけることと、よく
乾かすことです。これをしないと、刷るときに、ずれたり、はが
れたりします。

⑦これができたら、つぎに大きな紙（新聞紙でよいです）をしい
て、その上に厚手の紙を置き、黒、青など濃い色の絵の具を出し、
ローラーに絵の具を十分につけます。

⑧絵の具のついたローラーを、紙の版によくすり込みます。

⑨その紙版を別の場所に移し、画用紙を静かに上からかぶせます。
前後、左右を注意しましょう。

⑩最後に、バレンで上からていねいによくこすり、紙をはがすと
できあがりです。（図版101頁上）

　版を作るときの紙の間隔、重ね方などで、紙版技法はいろいろ
な変化がえられます。

　たとえば、目とその下のシワの間隔、または目と鼻の間隔の広
い、せまいで、ローラーによる絵の具のつき具合がことなり、イ
メージも変わってきます。それと同時に、ある部分に何枚も紙を
重ねても、そのまわりには、絵の具のつきが変化しておもしろい
です。

応 用

　綿糸などのひもを、ノリでつけて版を作ることができます。ど
んな模様になるかやってみましょう。（図版101頁下）

紙版技法

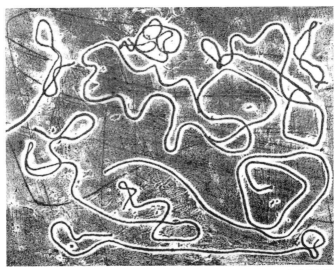

紙版技法

クシャクシャ技法

　手紙や絵をかいて失敗すると、紙をクシャクシャに丸めて、ゴミ箱に投げ捨てたりするでしょう。このように、紙をクシャクシャにすることは、生活のいろいろな場面で行われています。

　「クシャクシャ技法」は、文字どおり紙をクシャクシャにして作る技法です。

用意するもの

画用紙のほか、チリ紙などのやわらかい紙と、かたい紙。ハサミ。ノリ。

技　法

①用意したそれぞれの紙を適当な大きさに切ったり、破いたりして、クシャクシャに丸めます。

②それを開いたり、あるいは丸めたままノリをつけて、画用紙にはりつけます。シワのちがいで、不思議な世界ができるでしょう。

（図版103頁）

応　用

　和紙か半紙を用意して、クシャクシャにします。広げて絵をかいてみましょう。

　でこぼこがあって、なかなかおもしろい線がえられます。盛りあがった部分だけしか色がつかなかったり、ひっこんだ部分に色が流れ込んだりして、変化があります。

　色が乾いたら、アイロンをかけてシワを伸ばします。表からの場合は、あて紙を当て、裏からの場合はそのままでよいでしょう。

(図版104頁上)

このようにして、どんな紙に、どの程度のシワをつけたらいいのか（たとえば、厚い紙であれば、ちょうど手ぬぐいをしぼる程度にシワをつけるとか、ということです）、自分で研究してみるとおもしろいでしょう。また、あらかじめ絵をかいた紙を、クシャクシャにして広げて、さらにつけ加えて絵をかくのもおもしろいでしょう。

このほかに、クシャクシャになるものは、いろいろあります。料理などを包むアルミ箔、ビニールがそうです。とくにアルミ箔は、クシャクシャにして広げると、金属の持っているキラキラと光る独特の輝きがありますから、おもしろいです。表面がツルツルしたビロード色紙も、クシャクシャにすると、そのシワの部分が白いスジになり、おもしろい効果がえられます。これを3～4色用いて、モザイクのようにはり合わせても、楽しい図柄ができます。いろいろためしてみましょう。

いろいろな紙をクシャクシャにしてはりつけた

紙をクシャクシャにして、その上から絵をかいた

紙をクシャクシャにしてロウをたらし、その上から水性絵の具をぬった

つなぎ技法

「お手々　つないで　野道を行けば……」という歌を、一度はうたったことがあるでしょう。

この「つなぐ」という言葉は、とてもやさしく聞こえ、またあたたかいひびきがあります。この「つなぐ」ことを生かして、図柄を考えてみましょう。

用意するもの

厚手のボール紙、段ボール。ひも（毛糸、ビニールひも、麻ひもなど）。ハサミ。目打ち。ノリ。

技　法

①段ボールを適当な大きさに切りはなします。何か具体的な図柄があれば、そのイメージをこわさぬ程度に、大きく切りはなします。

②これを台紙に使う厚手のボール紙の上にならべて、位置を決めます。このとき、鉛筆で薄くしるしをつけておくのもよい方法です。

③切りはなした段ボールと、それを置く位置を間違わないため、段ボール、台紙のボール紙のしるし、それぞれに鉛筆で薄く番号をつけます。

④つぎに、切りはなした段ボールを、どこでつなぎ合わせるかしるしをつけます。

⑤そのしるしに目打ちで穴をあけます。

⑥用意したひもで、それぞれの段ボールをつなぎます。

この場合、どの部分を、どのひもでつなぎ合わせるか、間隔を
どうするか、いろいろ工夫してみることが大切です。

⑦切りはなした段ボールを、全部つなぎ合わせ終わったら、全体
を台紙にとりつけます。

　とりつけるときは、つなぎ合わせに使ったひもが、ピーンとは
る程度にひっぱります。方法はノリづけするか、台紙に穴をあけ
て、ひもをひっぱります。

　図版107頁上は、何か顔に見えたり、昆虫に見えたりするでしょ
う。

応　用

　あらかじめ段ボールに好きな絵の具をぬって、それを使うと、
楽しい作品になります。

　また、ひもでつなぐかわりに、ホッチキス、ハリガネ、接着
剤、ノリなどを使ってもおもしろいです。

　あるいは、厚紙を約3センチ四方に切り、それぞれの辺に切り
目を入れて、切り目をつなぎ合わせると、立体を作ることができ
ます。ちょうどビルディングを建てるとき、鉄骨をつなぎ合わせ
るような、がんじょうな建物のようになるでしょう。

　このほか、犬の首輪のクサリは、針金を1こずつ、つなぎ合わ
せて作ったものですが、これを応用したのが、色紙を細く切って、
輪を作り、だんだん長くしていくクサリ飾りです。

　また、ひもだけをしばってつなぎ合わせ、両端をとめて構成す
る模様も考えられるでしょう。

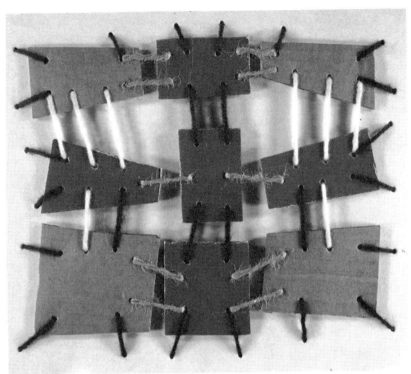

つなぎ技法

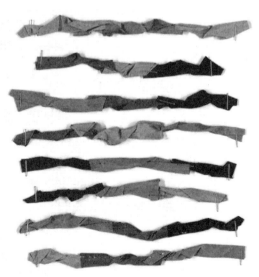

色紙でコヨリを作り色をホッチキスでつなぎ合わせた

しぼり染め技法

　「染<ruby>そ</ruby>める」ということは、私たちの生活の中にいろいろ使われています。

　染め方には古くからいろいろな方法があって、「しぼり染め技法」もその中のひとつです。

用意するもの

和紙（厚手のじょうぶなもの）。糸。水性絵の具、またはカラーインク。筆。アイロン、ドライヤー。新聞紙。

技　法

①和紙をクシャクシャにしてから広げます。

②その中央を片手でつまみ、もう一方の手でしごいて、棒<ruby>ぼう</ruby>のようにします。

③糸で棒状につまんだ紙の2、3か所を巻<ruby>ま</ruby>きます。1か所あたり、10〜20回ずつ糸をきつくしっかり巻きます。

④これに好みの色をつけますが、水性絵の具でもカラーインクでも、筆にたっぷりつけて、和紙に十分にしみ通らせるのがコツです。

　この場合、絵の具がたれることがありますから、あらかじめ新聞紙をしいて行うとともに、絵の具をふくんでいる筆を、和紙に押しつけることはせず、ゆっくりとしみ込ませるようにするとよいでしょう。色は1色だけの場合は、濃い色のほうがよく、2色以上なら、薄い色のほうからつけます。糸の巻き目ごとに色を変えると、たがいに混<ruby>ま</ruby>ざり合って、おもしろい効果が出ます。

⑤これを乾かしてから、糸をほどき、和紙をしずかに広げます。

　このとき、あまり乾かしすぎると、紙がダンゴ状になって、広げにくくなりますから注意しましょう。

　また、広げるとき手についた色が、ほかの色を汚すことがありますので、注意が必要です。あらかじめ、手についた色をふきとる水気のある布を用意して、ついたらすぐふきとることが汚れ防止になります。

⑥ドライヤーで乾かしながら、少しずつ広げるとよいでしょう。

⑦完全に広げたら、新聞紙に和紙をはさんで、アイロンをかけ、シワをとります。(図版110頁上)

　どうですか、花が咲いたようなすばらしい模様ができたでしょう。糸のしばり方、色の配色などを工夫して、どんどんやってみましょう。

応　用

　和紙を技法①と同じようにもんで、それを半分に折り、また半分、そのまた半分と折ります。それを棒状にして、何か所か技法③と同じ要領で糸をしばります。水性絵の具、またはカラーインクも技法④と同じようにしみ込ませて、模様を作ります。技法①〜⑦では、同心円の模様になりましたが、この方法では、面の模様になります。しばったところのちがった色どうしが、少しずつ混じってできる微妙な色合いが、この「しぼり染め」の特徴です。

　和紙のほかに、白い布でも同じようにできますから、ためしてみましょう。

　できあがった作品は、大きな紙にはって、壁かけにしてもすてきです。

しぼり染め技法

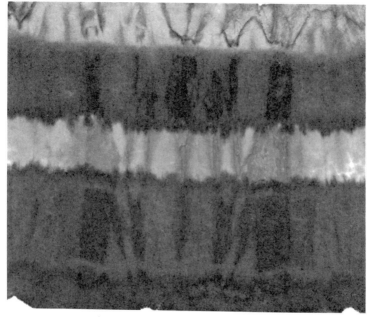

紙をヨコにだんだん折っていって、4か所しぼった

ジグソーパズル技法

　ガラスを割ってしまい、もとにもどそうと破片を組み合わせていたら、お母さんに見つかって、しかられた思い出がありませんか。

　「合わせ絵」とか、「はめ絵」とよばれる「ジグソーパズル」も、絵をいったんバラバラに切りはなし、破片を組み合わせて、もとの絵を作るという点では、割れたガラスをもとどおりにするのと似ています。この合わせ絵、はめ絵の技法を利用して、模様や図柄を作ってみましょう。

用意するもの

色紙、画用紙。ノリ。ハサミ。

技　法

①色紙の大きさは自由です。たとえば、10センチ四方の大きさにし、その裏に図柄や模様をかきます。

　この場合、いきなりかこうと思っても、なかなかまとまりませんから、あらかじめ、スケッチブックか、別の画用紙に下絵をかいて検討するのがよいでしょう。かくものは、具体的なもの、たとえとしては、ヨット、時計、風景などのほか、音、光、風など形が決まっていなくとも、想像力でかけるものでもいいのです。

　さらに、この技法の特徴は、色紙の10センチ四方の大きさすべてを使うことに注意してください。そのためには、細かい部分にこだわらず、大きな要素で考えてかくことです。

②それをハサミで切りはなします。

③切りはなしたものは、画用紙の上にのせて、配置を考えます。
　ここで注意することは、それぞれの紙片(しへん)の間隔(かんかく)は、あまりあけすぎてもおかしいし、せますぎても印象が弱くなってしまうことです。十分時間をかけて配置しましょう。
④配置が決まったら、画用紙にノリづけをしますが、色紙のすき間を全部つめたら、もとの10センチ四方の色紙になるようにします。(図版112頁)

応　用

　1色で作ったものの一部を、ほかの色で、まったく同じ形に切って、とりかえて、ノリづけしてみるとおもしろいでしょう。たとえば、「ゴロゴロピカー」は、赤と黒の交互(こうご)にするとか、「ヨット」は、空、海、帆(ほ)の色を別々にして、現実性を持たせてみるのもよいでしょう。(図版113頁)

ジグソーパズル技法（ゴロゴロピカー）

ヨット

グラビア写真を用いて行った。一部を形状を同一にしてすりかえた

切りがみ技法

　「切りがみ技法」は、鶴で代表される「おりがみ」とともに、古くから日本に伝わっている遊びのひとつです。

用意するもの

色紙。ハサミ。ノリ。画用紙（台紙に使う）。

技　法

①色紙を四つの角のそれぞれの対角線にそって折ります（色紙には長方形のものもありますが、その場合は余分なところを切りとつて、正方形にしてください）。最初の正方形の4分の1の大きさの、直角三角形になるはずです。

②この三角形のまわりの一部分を、数か所ハサミで切りとります。切りとる形は四角でも、三角でも丸でもかまいません。複雑な形であれば、カッター・ナイフを使って切りとります。

③その紙を広げてみましょう。このとき乱暴に広げますと、細かい部分は破けてしまいますから、十分に気をつけて慎重にしましょう。すてきなおもしろい模様ができたでしょう。

　模様をよく見ると、対角線上の模様が紙の中心を基点に、まったく同じ形で配置されているはずです。これを左右対称（シンメトリー）といいます。「切りがみ技法」は、このシンメトリーが大きな特徴です。（図版115頁）

応　用

　ところで、形がシンメトリーなものはたくさんあります。人間も正面から見るとそうですし、動物もシンメトリーです。チョウ、

セミ、トンボなどの昆虫、ミカン、リンゴなどのくだもの、ナベ、フライパンのような台所用品など、ふだん身のまわりにあるものでも実にたくさんあります。

　こうしたものは、紙をふたつ折りにし、片方の形だけを切りとって、紙を広げるとできますから、どんどんやってみましょう。紙の折り方を複雑にすると、雪の結晶の模様のような形もできます。（図版 116 頁下）

　いろいろな形を使って、画用紙にノリづけし、壁にかけて楽しんでみましょう。また、「切り抜き技法」の応用（96 頁）と同じように、透明のカラーシートを裏からはり、光を当てると、色つきの影絵が楽しめます。

　さらにこれを進めて、紙芝居、スライド風に、物語を作るのにも応用できます。

対角線に折り、4 分の 1 の大きさにして作った

シンメトリーの形の例

雪の結晶のような模様

切りおこし技法

　高いビルを見ていると、窓ガラスの部分が黒く見え、一定のリズムで、そこが引っこんで見えたり、逆にとび出して見えたりすることがあります。

　白一色の雪の表面にさしこんだ日の光が、わずかなへこみやふくらみに、かげを作ってほどよい浮きぼりができることもあります。また、静かな水面に風がひと吹きすると、たちまち凹凸の波紋ができます。

　「切りおこし技法」は、1枚の平面の紙に切り目を入れて、その部分をおこすことでできる凹凸を使って、浮きぼり（レリーフともいう）の効果を考える技法です。

用意するもの

画用紙。ナイフ。定規。ノリ。台紙に使う厚手の紙。鉛筆。消しゴム。

技　法

①画用紙に定規を使って、タテに1センチと5ミリの幅で、直線を交互に引きます。

②ヨコに2センチと5ミリの幅で、同様に交互に引きます。

　この線は目印ですから、薄く引きます。タテ2センチ、ヨコ1センチの長方形が、5ミリ間隔でたくさんできたはずです。

③この長方形の上辺（上のヨコ線）を残して、左右のタテ線と下辺（下のヨコ線）の三つの辺をナイフを使って、切り目を入れます。切りすぎないよう慎重に進めます。

④全部に切り目を入れたら、切り残した上辺部にナイフの背を使って、落とし目（折り曲げやすくするための押しあと）をつけます。

⑤全部に落とし目をつけ終えたら、消しゴムで目印につけた鉛筆線を、紙を破かぬよう気をつけながら、静かに消します。

⑥いよいよ紙をおこしますが、落とし目を入れた長方形のまん中が、ちょうど三角屋根の頂上になるようにおこします。

⑦全部をおこし終えたら、画用紙の裏にノリをつけて、台紙にはりつけます。（図版119頁上）

　三角屋根の団地のように見えたり、ビルの窓のように見えたりしませんか。光の当て方で、見え方もいろいろ変わります。切り目の長さ、落とし目の数を変えることによって、まだたくさんのおもしろい作品ができます。ためしてみましょう。

応 用

　「切りおこし技法」は、たんにその部分をおこすことのみでなく、いろいろな応用が考えられます。

　たとえば、竹ばしを使って、おこした部分を丸めたり、ひねったりすることもできます。また、おこした部分を逆に沈めたり、あるいはおこして、沈めたりのくり返しをしたり、この組み合わせのし方で、いろいろなパターンを作ることができます。これらの形を意味のない集合体にするのも、ひとつの考えでしょう。あるいは、「集まる」「分散」「一方に流れる」「上昇」「落下」「ウズ」などと、ひとつのテーマにして表現すると、さらにおもしろいでしょう。また「吹きつけ技法」（33頁）を併用して、一方から色を吹きつけても変化がえられておもしろいです。

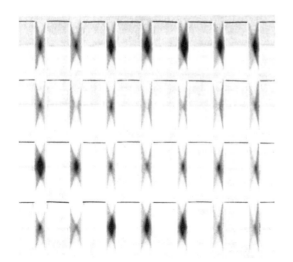

切りおこし技法

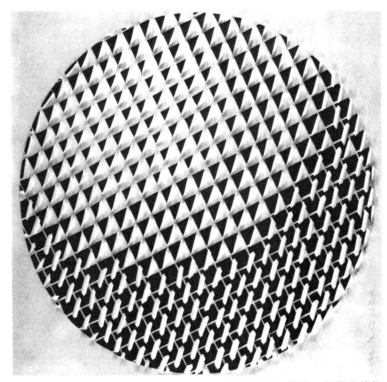

切りおこし技法　加藤寿美作

焼き技法

「焼き技法」は「バーニング」とも呼ばれます。英語で燃える、焼けるという意味です。この技法は火を使うので、十分に注意が必要です。

用意するもの

ボール（中程度のもの）に水を入れておきます。ぬれた布（もしもの場合に、かならずそなえてください）。白い薄い紙、またはトレシングペーパー、画用紙。線香、マッチ。水性絵の具。筆。ノリ。

技　法

①線香に火をつけ、それを紙、またはトレシングペーパーに軽く押しつけると、紙はこげて穴があきます。

このとき、紙は机の上に置かないで、手に持って行います。ゆっくり、軽く押しつけると、比較的大きな穴があき、周囲にこげたあとが残ります。

強く押しつけると穴が小さく、あまりこげあとがつきません。それぞれの効果をねらって、たくさんの穴をあけます。

②このままではあまり目立ちませんので、画用紙に水性絵の具（比較的濃い色）をぬり、台紙を作ります。

③線香で穴あけした紙と台紙を、ノリではり合わせて完成です。

応　用

あらかじめ紙、トレシングペーパーに、鉛筆で薄く具体的なものをかいて、同じ要領で穴をあけてみましょう。線香を数本合わ

120

せてみたら、どんな穴があくでしょう。

　また、戸外の安全な場所で、紙を燃やして作品を作ってみましょう。

　新聞、雑誌など、適当な大きさに切り、火をつけます。途中で水をふくんだ布をかけ火を消します。ちょうど半焼けの状態の紙を作るのです。これを集めて、「コラージュ」（51頁）の要領で、画用紙にはりつけます。ハサミで切ったり、手で破いたりしたものとは、まったくちがった辺がえられ、適当にこげが残った不思議な模様がえられます。（図版121頁）

　また、板なども燃やして、途中で水をかけ、そのあとで、スミの部分をタワシでこすり落として、木目を出す方法もあります。ただの板がすばらしい雰囲気を作り出します。よく民芸品にそれを見かけることがあるでしょう。注意して見てください。

焼き技法

焼き技法

焼き技法

影絵・シルエット技法

　影の特徴は、細かい表情や、物が重なっている状態が、りんかくだけの平面でしかあらわれないことです。この特徴を生かして、図柄を考えてみましょう。

用意するもの

画用紙。黒色の水彩絵の具。筆。鉛筆。

技　法

①何をかくか決めますが、なかなか決まらなかったら、たとえばお母さんをモデルにしてみましょう。

　正面とヨコから観察してください。正面からだと、顔と髪の毛のりんかくはつかめますが、鼻の形、おでこ、口などはヨコからのほうが、ずっとお母さんの特徴がわかります。

②鉛筆でデッサンをします。

　デッサンとは、下絵または素描のことです。細かいところはあまり気にせず、特徴のあるところを、大まかにかきます。

③かき終えたら、黒色の水彩絵の具でぬりつぶします。鼻や口などの曲線は、小さい先の細い筆で、ていねいにぬります。大きい筆ですと、せっかくの特徴をぬりつぶしてしまいますから、注意しましょう。（図版124頁）

　どうですか。お母さんの特徴がよくでましたか。こんどは家族全員に挑戦してみたらよいでしょう。なかなか楽しいことですし、みんなの特徴もわかってくるでしょう。

　顔以外にも、ネコでもイヌでも、題材はたくさんありますから、

ためしてみましょう。

[応用]

家族全員、ネコのペケタも、イヌのボスオもできましたら、影絵劇をして遊びましょう。

影の部分（黒く絵の具をぬった部分）を、ハサミで切り取ります。その裏に、割りばしのような細い棒を、テープでとりつけます。お菓子の箱で舞台を作ります。色セロハン、トレシングペーパーをはって、その場面の雰囲気を作り出します。箱の裏から光を当て、影絵につけた棒を持って動かしてみましょう。

あらあら、お母さんがネコのペケタに追っかけられていますよ。セリフもつけて、家族で楽しんでみましょう。

影絵・シルエット技法、横顔（左）とネコ

オブジェ

　「オブジェ」とは聞きなれない言葉ですね。フランス語で「物」「物体」を意味しますが、これでもまだよくわかりませんね。

　こんな経験はありませんか。自然の中の岩や石が、「かぶと石」「親子石」などと呼ばれていることです。岩や石でしかすぎないものが、見方によって「かぶと」や「親子」に見えたりするからです。また、壁やシミが、人の顔や動物に見えたりすることもあります。

　「オブジェ」とは、このように見る人によって、ほかの形や像、姿に見える「物」のことをあらわす言葉と理解してください。少しむずかしいですが、こんな見方もできるんだという作品を考えてみましょう。

技　法

　浜べから、打ちあげられた流木と、下駄を拾ってきました。下駄をながめていたら、三つの穴のうち、ふたつが目に、ひとつが口に見えてきました。そこで流木を、頭のほうにつけてみたら、りっぱな角をはやしたシカに見えてきました（図版127頁右）。下駄がシカに見えるなんて、不思議ですね。

　もうひとつは、石油を入れるブリキのカン。ふたを切り取ってながめてみました。取っ手が鼻に、そそぎ口が口に見えてきました。そこで、大きなネジをつけてみました。ギョロ目ですが、ユーモラスな顔になってきました（図版127頁左下）。ちょっとおどろいた、ひょうきん者の顔になりました。

125

以上はほんの一例です。ほかにもたくさん材料があります。たとえば、使い古したタワシ、歯ブラシ、なべ、くし、また浜べの貝がら、石など、なんでも使えます。ためしてみましょう。

　このようないろいろな見方、考え方をすることが、ものを作るうえで、いちばん大切なことです。

[応　用]

　粘土と石こう（画材店で市販されています）を使って、おもしろいものができます。

①お菓子の箱に、粘土を表面を平らにして入れていきます。箱の深さの半分がよいでしょう。

②その上に、自分の手や、貝がら、ビンのふたなど、いろいろなものを押しつけて形をうつします。

③その上に、石こうを流し込みます。

　（石こうは、ボールに水を入れ、それから石こうを静かに入れます。石こうと水の分量は、だいたい半々です。注意することは、石こうを入れてすぐ混ぜるのではなく、石こうに十分水がしみ込んでから混ぜることです）

④石こうが固まったら、箱を破き、粘土を取りのぞきます。

⑤石こうは、よく水洗いして、よく乾かします。粘土がへこんだところが、逆に浮き出て、立体感を出してくれます。

⑥水彩絵の具で色をつけ、そのあと、透明ラッカーを吹きつけたり、ぬったりして、色落ちを防止すると同時に、光沢を出します。

　すてきなレリーフができました。壁にかけて家族みんなで楽しんでください。

オブジェ〈流木、ナワ等による顔〉

オブジェ〈ゲタと流木のシカ〉

オブジェ〈石油カンのフタの顔〉

変形技法（トランスフォーメーション）

　ほそうした道路上に、40とか60という大きな数字がかかれているのを、見ることがあります。この数字をかなり前方から見ると、タテ、ヨコともよくバランスのとれた数字に見えます。すぐ近くで見ると、ずいぶんとタテ長で、数字であることさえ、わからないことがあります。

　また、おばけかがみを知っているでしょう。かがみの表面が平らでなく、波状になっているものです。その前に立って自分の姿をうつすと、頭だけがものすごく大きく、胴体は小さくなったり、逆に頭はものすごく小さく、胴体は長くうつります。

　ほかにもなにげないところに、こうした例はあるものです。道路上の数字の場合は、遠くからでも数字を正しく楽に読み取ってもらうために、工夫した変形の例ですが、このように変形とは大事なデザイン的要素なのです。

用意するもの
画用紙。定規。鉛筆。

技　法
①10センチ四方の正方形を、ふたつヨコにならべてかきます。

②左がわの正方形を、タテ、ヨコとも2センチずつの碁盤模様（ます目）に仕切ります。

③ヨコ線には、1〜4の数字をつけ、タテ線には、ア〜エの記号をつけます。

④その上に、左右対称のリンゴを、外形をあらわす線だけかきま

128

す。
⑤右がわの正方形にも、タテ、ヨコに線を引きますが、このとき、ヨコ線は左の正方形と同じ2センチ間隔で引き、タテ線は左から1センチ間隔で3本、3センチ間隔で1本引きます。
⑥線につける数字、記号は左の正方形と同じにします。
⑦ここで、左のリンゴを右の正方形の上に、あてはまるます目に合わせ、かきうつします。全部うつし終えたら、線を太目にしてリンゴの図柄を強調します。

どうですか、丸い大きなリンゴが、片ぶくれの形の悪いリンゴになったでしょう。(図版129頁)

応用

技法では、変形させるのに直線でます目を作りましたが、曲線でも作れますから、やってみましょう。また、この方法を使って図柄の拡大、縮小もできます。図柄に合わせて方眼を作り(技法の左がわ)、拡大、縮小の倍率に合わせて方眼を作り(技法の右がわ)、図柄をうつし変えればよいのです。

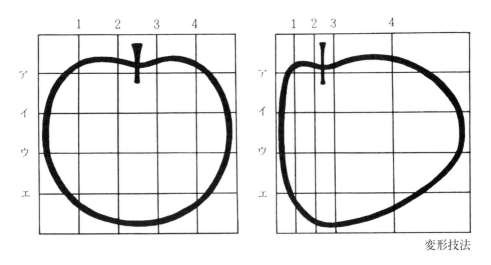

変形技法

点その1

　これまでに、41の表現方法を取りあげてきました。ほかにもいろいろ考えられると思います。自然の中に、思いもよらぬ方法がかくされているかもしれませんし、身のまわりの生活の中にもあると思います。新しい発見をこころみるのも、作る上で大切なことです。

　「表現技法」は41の説明で終わりましたが、これからは形態について考えてみましょう。

　形態とは形のことと考えてよいでしょう。そこで、形を作っているものはいったい何かということを、はじめに考えてみましょう。それは「点」であり、「線」であり、「面」であり、さらに「立体」であると考えられます。

　まず「点」について考えてみましょう。

　夜空には、キラキラ光る星やまん丸い月を見ることができます。サイコロにも、1個から6個までの小さい丸い点がついています。また、文章の終わりには、句点という白丸の点を打ちます。

　このように生活の中には、点として見えるものがたくさんあります。

　では、点はどのくらいのものをいうのでしょうか。夜空の星や月は、実際には、ものすごく大きなものが宇宙に浮いているのです。人間も遠くに見える場合は、小さな点にしか見えません。

　このように同じ点に見えるものでも、そのものを取りまく状態

で変わってしまいます。

ですから、ふつう点というと、小さなものをいいますが、実際は大きさが決まっていないのです。

また、点の形は円がいちばんきれいに見えますが、正方形でも、三角形でも、不規則な形でも、かまわないのです。(図1)

図2の(A)は、点がたくさん集まっています。(B)と(C)は、同じ大きさの円ですが、(B)のほうは5個の点に見えるのに、(C)のように小さいわくでかこまれると、円として見える感じが強くて、点といえるかどうかわからなくなります。

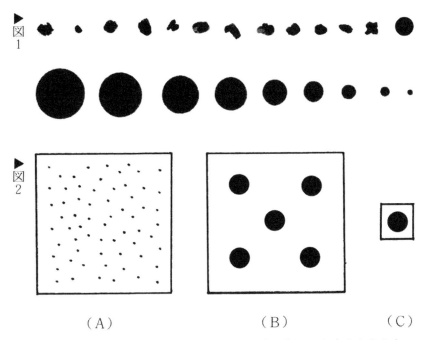

(A)　　　　　　　(B)　　　　　　(C)

図1　上の点はどんなものでもよい、下の点はどこから点かわからない

点その2

　白い紙の上に、黒色の水滴をポトンと落としてください。

　どうですか。何の意味もなかった、ただまっ白い紙面が、急に
いきいきとして、その水滴に目がひきつけられませんか。

　これは点によって、集中力が生まれたからなのです。

　また、サイコロがあったら、よくながめてください。

　まずひとつの点、つまり「1」の数のところを見ましょう。正方
形のまん中にあるこの点（あるいは円）は、すっきりしてとても
目立ちます。集中力があり、バランスのとれた、安定した図形に
見えるでしょう。

　もし、この「1」の目が、左右のすみや、右下にあったらどうで
しょう。まん中にあって、安定した集中力のある点にくらべ、上
から落ちてきたような点に感じることでしょう。

　こんどは、サイコロの「2」の目を見てください。

　点がふたつ、近い位置にあります。じっと見ていると、そのふ
たつが、たがいにつな引きのように引っぱり合い、まるで線に見
えるような感じはしませんか。

　たとえば、ひとつの点が右上にあれば、右上から、右下へのな
なめの線として感じられます。

　ふたつの点が、水平になるようにすると、水平線のように感じ
ます。

　さらに、「4」の目は、四角な形を感じさせます。

　このような感じのことを「見え」（表面や外がわの形）といいま

す。
　つまり、点というのは、「集中力」や「見え」をあたえてくれる性質(せいしつ)があるのです。

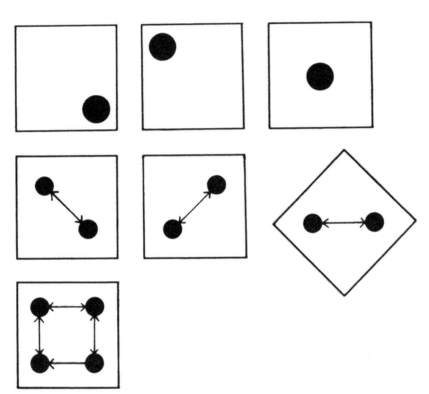

点はさまざまな感じや集中力を生む

点その3

もう少し点の性質を考えてみましょう。

そのひとつは、近くにある点どうしが、すごく仲良しになるということです。

図1は、ヨコにならんでいる点として見えるより、点が四つずつ集まっているように見えます。

つぎに、点は周囲との関係で、大きさがずいぶんちがって見えるものです。私たちがおすもうさんの中に入ると、小さく見えるのと同じです。

図2の（A）（B）の中にあるふたつの円のうち、内がわの点は（A）（B）とも同じ大きさです。けれども、（B）のほうが大きく見えます。不思議ですね。コンパスや定規を使って実際に作ってみましょう。

私たちの生活の中には、点はよく見かけます。とくに衣服の模様にはよく使われます。お父さんのネクタイ、お母さんのワンピース、水玉模様といっていますが、これは点そのものです。注意して見ると、ほかにもたくさんあります。

それでは、点だけを使って動物を作ってみましょう。

作品例を参考にしてください。この場合、正円（まん丸）の点だけで、重なることをさけてください。顔も、胴も、手も、足もみな点です。大きな点、小さな点を組み合わせて、楽しい動物を作ってみましょう。サル、カバ、キリン……。いろいろあります。

（図版135頁下）

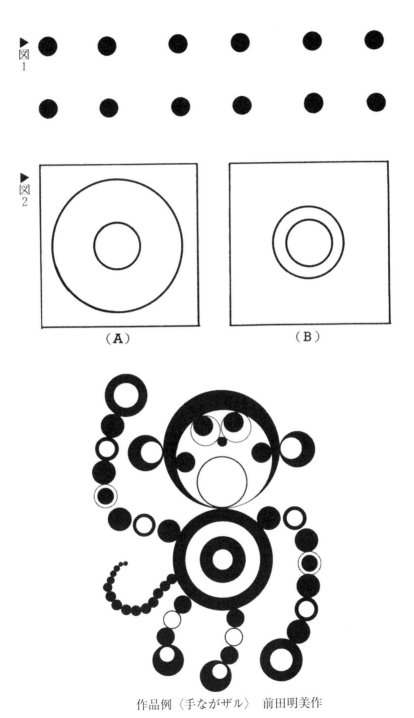

作品例〈手ながザル〉 前田明美作

線その1

「線路は続くよ、どこまでも……」とうたわれている線路、また電柱から電柱へとはりめぐらされた電線は、いったいどこまで続いているのだろうと、考えたことはありませんか。

線路も電線も「線」ですが、その性質はどんなものでしょうか。

さきほどまで、「点」を考えてみましたが、その中で「見え」ということを勉強しました。点と点との間が近ければ、その間に何かつながりがあるように見えることでした。

その場合図1のように、点がわずかの間隔で、ヨコ一列にならんでいると、「見え」が働いて、「線」に見えるでしょう。

それはひとつの点が、左から右へ、あるいはその逆に、少しずつ動いた状態と考えられます。そうです。線は点の移動した軌跡（あと）と考えられています。

こんな経験がありませんか。夏の花火遊びで、花火をグルグル回すと、点としての火がうず巻きのように、つながって見えることが。また、夜空の流れ星も、点のはずの星が1本の線に見えることが。これらも、点の軌跡が線になったことだと考えてください。

そこで、点が真っすぐ移動すると直線になり、上下や左右に変化しながら移動すると、曲線になることがわかります。

線には、この直線と曲線のふたつしかありません。ジグザグ線は、向きのちがう直線が、部分的に結びついたものと考えられます。

また、線の種類には、点と同じく制限がありません。同じ筆でかいても、できる線はずいぶんちがいます。図2はその例です。

▶図1

▶図2

線その2

　線は、かんたんにいうと、点が動いたあとであることがわかりました。だから、点の大小で線の太さが決まります。小さい点は細い線に、大きい点は太い線になります。

　もし、大きな点が少ししか移動しなかったらどうでしょう。それは線とはいえず「面」にしか見えません。しかし、その点もかなり移動すると線になります。

　そうです。幅に対して長さがなければ、線とはいえません。でも、点の場合もそうでしたが、どこから面だという区別はなく、まわりの状態で決まってきます。

　線には、直線と曲線のふたつしかないことを先にのべましたが、ではどういうちがいがあるのでしょうか。

　まず直線を考えてみると、スピード感があり、するどい感じもします。男性的とも考えられます。これに対して曲線は、リズム感があり、やわらかな感じをあたえ、女性的ともいえます。

　さらに、線の角度でも印象はちがいます。

　水平線は無風の天気のよい日の、湖の水面を感じさせ、大きな広がりもあります。

　垂直線は雨が降ってきた印象や、上へ上へと伸びる元気のよい成長を感じさせます。

　斜線は横なぐりの雨という印象と同時に、動きを感じさせます。参考の図版 139 頁下を見てください。いろいろな感じ方、見方があることがわかることでしょう。

大きな点が少し動いた場合と長く動いた場合

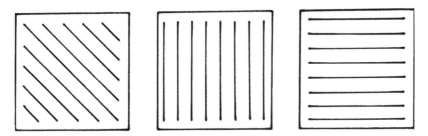

線はいろいろな感じを持つ、左から斜線、垂直線、水平線

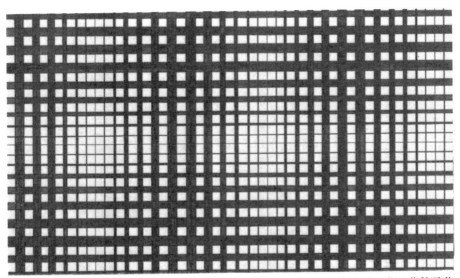

作品例　常田菜穂子作

線その３と面・立体

　もう少し線の性質について考えてみましょう。

　それは線の集まり方で、奥行き、つまり遠近感が出てくるということです。線がたくさん集まると遠くを感じさせ、少ないと近くを感じさせます。

　こんな経験はありませんか。

　横断歩道には、白い線が同じ幅で何本も引かれています。一方のはしに立ってながめると、先のほう（遠くのほう）の線と線の間隔はせまく見え、立っている足もとのほう（近いほう）では、広く見えます。実際には同じ間隔で引かれている線でも、このように見えるわけです。

　つぎに、「面」について考えてみましょう。

　線は近くに集まれば集まるほど、ひとつの面に見えてきます。たとえば、夏に窓や戸口にかけるすだれがあります。これなどは線が集まって、面に見える代表的なものでしょう。

　このことから考えて、点が移動したあとが線になるように、面は線が移動したあとと考えることができます。

　たとえば、直線がヨコに移動すると、正方形や長方形になり、ぐるりと回すと円になります。砂浜で１本の棒をヨコにして動かすと、デコボコがない平らな面ができますが、そのこととまったく同じと考えていいでしょう。

つぎに、「立体」とは何かを考えてみましょう。

分厚い本がここにあると考えます。薄い紙が1枚1枚重なっています。すだれが、線がたくさん集まって、ひとつの面として感じられるのと同じように、分厚い本は、1枚の紙、すなわち面がたくさん集まったものとして考えられることを示しています。

つまり、点が線に、線が面にという関係と同じく、立体は面が移動したあとと考えられるのです。

このように、みなさんが目にするもののすべては、点、線、面、立体のどれか、あるいはその組み合わせによって、表現することができるのです。

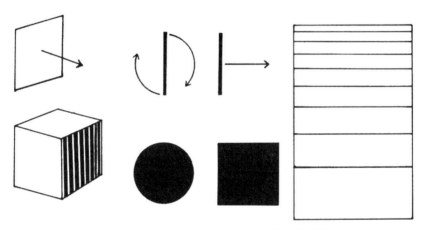

右は、線の集まりで遠近感を感じさせる、中は、線が移動する面となる、左は、面が移動すると立体になる

阿部典英（あべ　てんえい）

1939 年　北海道札幌生まれ。

1961 年　第 5 回シェル美術佳作受賞、行動展新人賞受賞。

1996 年　木の造形旭川大賞展で優秀賞（北海道立旭川美術館）

2003 年　「豊饒なる立体─阿部典英展」開催（札幌芸術の森美術館）

2012 年　「阿部典英のすべて─工作少年、イメージの深海をゆく」（北海道立近代
　　　　美術館）開催。
　　　　「心の原風景─海への回帰・阿部典英展」（市立小樽美術館）開催。

2014 年　「阿部典英展　ネェダンナサンあるいは月・影・漂」開催（札幌宮の森美
　　　　術館）

2015 年　「ネェダンナサンあるいは月・影・漂─阿部典英てん」（北海道網走市立
　　　　美術館）

2016 年　「阿部典英と北海道芸術家展」（中国ハルビン市、黒龍江省美術館）
　　　　フランス・パリ、韓国・ソウル他、カナダ、中国、東京、札幌等個展・
　　　　グループ展開催多数。

・札幌芸術賞、北海道文化賞、地域文化功労賞／文部科学大臣表彰受賞。

・**30 年以上にわたり、短期大学、大学、大学院で、助教授、教授として初等教育
の図画・工作、デザイン、美術教育を担当する。**

だれにもすぐにもできるデザイン技法

2017 年 5 月 10 日　第 1 刷

著　　者	阿部典英
発 行 者	関根文範
発 行 所	青娥書房
	東京都千代田区神田神保町 2-10-27　〒101-0051
	tel 03(3264)2023 ／ fax 03(3264)2024
印刷製本	シナノ印刷

©2017　Abe Ten-ei　Printed in Japan
ISBN978-4-7906-0331-3 C0077
＊定価はカバーに表示してあります